T0209021

Gerechter Frieden

Reihe herausgegeben von
I.-J. Werkner, Heidelberg, Deutschland
S. Jäger, Heidelberg, Deutschland

„Si vis pacem para pacem" (Wenn du den Frieden willst, bereite den Frieden vor.) – unter dieser Maxime steht das Leitbild des gerechten Friedens, das in Deutschland, aber auch in großen Teilen der ökumenischen Bewegung weltweit als friedensethischer Konsens gelten kann. Damit verbunden ist ein Perspektivenwechsel: Nicht mehr der Krieg, sondern der Frieden steht im Fokus des neuen Konzeptes. Dennoch bleibt die Frage nach der Anwendung von Waffengewalt auch für den gerechten Frieden virulent, gilt diese nach wie vor als Ultima Ratio. Das Paradigma des gerechten Friedens einschließlich der rechtserhaltenden Gewalt steht auch im Mittelpunkt der Friedensdenkschrift der Evangelischen Kirche in Deutschland (EKD) von 2007. Seitdem hat sich die politische Weltlage erheblich verändert; es stellen sich neue friedens- und sicherheitspolitische Anforderungen. Zudem fordern qualitativ neuartige Entwicklungen wie autonome Waffensysteme im Bereich der Rüstung oder auch der Cyberwar als eine neue Form der Kriegsführung die Friedensethik heraus. Damit ergibt sich die Notwendigkeit, Analysen fortzuführen, sie um neue Problemlagen zu erweitern sowie Konkretionen vorzunehmen. Im Rahmen eines dreijährigen Konsultationsprozesses, der vom Rat der EKD und der Evangelischen Friedensarbeit unterstützt und von der Evangelischen Seelsorge in der Bundeswehr gefördert wird, stellen sich vier interdisziplinär zusammengesetzte Arbeitsgruppen dieser Aufgabe. Die Reihe präsentiert die Ergebnisse dieses Prozesses. Sie behandelt Grundsatzfragen (I), Fragen zur Gewalt (II), Frieden und Recht (III) sowie politisch-ethische Herausforderungen (IV).

Weitere Bände in der Reihe http://www.springer.com/series/15668

Sarah Jäger · Ines-Jacqueline Werkner
(Hrsg.)

Gewalt in der Bibel und in kirchlichen Traditionen

Fragen zur Gewalt · Band 1

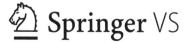 Springer VS

Herausgeber
Sarah Jäger
Heidelberg, Deutschland

Ines-Jacqueline Werkner
Heidelberg, Deutschland

Gerechter Frieden
ISBN 978-3-658-20316-0   ISBN 978-3-658-20317-7   (eBook)
https://doi.org/10.1007/978-3-658-20317-7

Die Deutsche Nationalbibliothek verzeichnet diese Publikation in der Deutschen Nationalbibliografie; detaillierte bibliografische Daten sind im Internet über http://dnb.d-nb.de abrufbar.

Springer VS

Verantwortlich im Verlag: Jan Treibel

Gedruckt auf säurefreiem und chlorfrei gebleichtem Papier

Springer VS ist Teil von Springer Nature
Die eingetragene Gesellschaft ist Springer Fachmedien Wiesbaden GmbH
Die Anschrift der Gesellschaft ist: Abraham-Lincoln-Str. 46, 65189 Wiesbaden, Germany

Inhalt

Gewalt in der Bibel und in kirchlichen Traditionen
Eine Einführung

Sarah Jäger

1 Zum Begriff der Gewalt

1.1 Gewalt im sozialwissenschaftlichen Diskurs

„Gewalt ist einer der schillerndsten und zugleich schwierigs-
ten Begriffe der Sozialwissenschaften" (Imbusch 2002, S. 26).
Diese Feststellung des Soziologen Peter Imbusch führt ein in
die besonderen Herausforderungen der Beschäftigung mit dem
Gewaltbegriff. Auch dort, wo – wie in der Friedensdenkschrift
der Evangelischen Kirche in Deutschland (EKD 2007) – mit dem
Konzept des gerechten Friedens eine bewusste Fokussierung auf
friedliche Konfliktlösungsstrategien vorgenommen wird, bleibt
der Umgang mit Gewalt und die Frage nach der Anwendung von
Waffengewalt als *ultima ratio* doch einer der strittigsten Punkte
der Auseinandersetzung.

Damit verbindet sich die Schwierigkeit einer definitorischen Fassung des Begriffes der Gewalt. Gewalt erscheint als komplexes Phänomen zwischen Ordnungsbegründung und Ordnungszerstörung
(vgl. Endreß und Rampp 2017, S. 164). Gerade diese Komplexität

zeigt sich auch mit Blick auf die biblischen Überlieferungen und kirchlichen Traditionen. Dabei erweist sich schon eine allgemeine Definition von Gewalt als schwierig. Nach Klaus Schubert und Martina Klein (2016, S. 133) bezeichnet Gewalt den Einsatz von physischem oder psychischem Zwang gegenüber Menschen sowie die physische Einwirkung auf Tiere oder Sachen. Soziologisch bedeutet Gewalt „den Einsatz physischer oder psychischer Mittel, um einer anderen Person gegen ihren Willen a) Schaden zuzufügen, b) sie dem eigenen Willen zu unterwerfen (sie zu beherrschen) oder c) der solchermaßen ausgeübten Gewalt durch Gegen-Gewalt zu begegnen" (Schubert und Klein 2016, S. 136).

Des Weiteren existieren verschiedene Gewaltverständnisse (vgl. u. a. Imbusch 2002; Meßelken 2012). Strittig ist dabei vor allem, wie eng oder weit Gewalt gefasst werden sollte. Eine Form der Gewalt ist die personale oder direkte Gewalt, die auf die Schädigung, Verletzung oder Tötung anderer Menschen abzielt (vgl. Popitz 1992, S. 48ff.). Diese Form der Gewalt ist universell wirksam:

> „Gewalt ist eine Universalsprache – wenn man sie als physische Gewalt versteht. Für die Besonderheit ist entscheidend, daß ihr Einsatz sicherer, unbedingter und allgemeiner als andere Zwangsmittel Wirkung zeitigt und daß sie ein im Ernstfall allen anderen überlegenes Kontrollwerkzeug und politisches Machtinstrument ist." (Neidhardt 1986, S. 134)

Außerdem lässt sich zwischen struktureller und institutioneller Gewalt unterscheiden. Unter struktureller Gewalt versteht Johan Galtung (1975, S. 9) einen Dauerzustand von Gewalt, die in den sozialen Strukturen einer Gesellschaft begründet ist. Institutionelle Gewalt schließlich geht insofern über direkte Gewalt hinaus, als sie auf dauerhafte Abhängigkeits- und Unterwerfungsverhältnisse abzielt (vgl. Waldmann 1995, S. 431). Im Fokus stehen hier also ordnungsstiftende Funktionen von Gewalt, wie sie von staatlichen

Sicherheitsbehörden (Polizei) oder staatlichen Organisationen (wie dem Militär) ausgeübt werden (vgl. Imbusch 2002, S. 39). Ihre Zwangseingriffe müssen als Gewalt gewertet werden, auch wenn beispielsweise die Polizei unter rechtsstaatlich-demokratischen Verhältnissen gegenüber den Störerinnen und Störern der Ordnung einen prinzipiellen Legitimitätsvorsprung besitzt. Die Entscheidung, ob diese Form der Gewalt als unproblematisch angesehen werden kann oder als Unrecht verstanden werden muss, hängt vorrangig an Kriterien von Legalität und Legitimität.

Für das weitere Nachdenken erweist sich eine Fokussierung auf staatliche, politische und religiöse Gewalt als sinnvoll: Die staatliche Gewalt erstreckt sich vom legitimen Gewaltmonopol des Staates über staatsterroristische Formen der Gewalt bis hin zum Krieg (vgl. Narr 1973, 1980; Giddens 1985). Politische Gewalt lässt sich als Terrorismus, Guerillabewegungen, Rebellionen, Revolutionen, Bürgerkriege und Staatsstreiche bestimmen (vgl. Waldmann 1998). Sie ist insofern politisch, als sie auf die Erhaltung oder Veränderung gesellschaftlicher oder internationaler Ordnungen und Zustände zielt (vgl. Nolting 2004, S. 18). Sie richtet sich damit vor allem gegen den Staat beziehungsweise ein politisches Regime und seine Repräsentanten. Religiöse Gewalt versteht sich dagegen als eine Form der Gewalt, die ihre Legitimität und Angemessenheit religiös begründet. Wer nach dem Zusammenhang von Gewalt und Religion fragt, kommt nicht umhin, die große Hilflosigkeit im Umgang westlicher Länder mit den Ereignissen des 11. Septembers 2001 und seinen Folgen zu erkennen. Hier offenbaren sich immer auch Konflikte verschiedener Rechtsysteme, die in Fragen der Anwendung religiöser Gewalt differieren. Die Verbindung von Religion und Gewalt ist deshalb so brisant, „weil die Verfassungen der säkularisierten Staaten die politische Macht zwar von religiösen Legitimationen getrennt, die Religion der Bürger aber unter ihren besonderen Schutz gestellt haben" (Kippenberg 2008,

S. 13). Das Problem religiöser Gewaltpraxis wird erstmals ab den 1970er Jahren in der Forschungsliteratur thematisiert (Burkert 1972; Girard 1972), beide Bücher gehen von Opferritualen aus. Religiöse Gewalt hat ihren Ursprung jedoch selten allein in religiösen Differenzen, sondern kommt meist in Verbindung mit (politischen) Interessengegensätzen vor (vgl. u. a. Werkner 2016).

1.2 Gewalt in der Bibel

Gewalt hat auch in den biblischen Schriften eine unverkennbare Spur hinterlassen, man denke nur an den Totschlag Abels durch Kain (Gen 4,1-16), der die elementare Gewaltfähigkeit des Menschen beschreibt, oder an das Agieren von Mose in seinem Widerstand gegen den Pharao als eine Form politischer Gewalt. Für das Neue Testament wären die Folterung und Hinrichtung Jesu (Mk 14-16 par) oder die Schläge und Verfolgung, die Paulus ertragen muss (2 Kor 11,23-25), zu nennen.

Eine Differenzierung zwischen staatlicher, politischer und religiöser Gewalt erweist sich indes für die biblischen Traditionslinien als schwierig. Exemplarisch zeigt sich das Ineinanderverwobensein dieser drei Dimensionen am Zusammenhang von Monotheismus und Gewalt: Für die alttestamentliche Überlieferung nimmt der Ägyptologe Jan Assmann (2007) eine „Gegenreligion" des Moses an und sieht in der Sprache der Gewalt ein besonders deutliches Merkmal des Monotheismus. Entscheidend ist an dieser Stelle zur Einordnung des Traditionsbestandes, dass nicht nur der Monotheismus dieser Überlieferung zugrunde liegt, sondern auch die Unterscheidung zwischen Freiheit und ökonomischer Sklaverei sowie politischer Fremdherrschaft (vgl. Kippenberg 2008, S. 20). Der exklusive Monotheismus erlangte jedoch nie die Monopolstellung, die Assmann annimmt (vgl. Schäfer 2005). Gewalt im

Christentum war weniger Folge einer monotheistischen Tradition der Gewalt und Unduldsamkeit, sondern hatte spezifische lokale und historische Umstände (vgl. Nirenberg 1998, S. 3ff.). Der Zusammenhang zwischen Monotheismus und Gewalt erscheint so kontingent; er ist weder notwendig noch unmöglich.

Gewalt begegnet im Alten Testament in verschiedenen Formen. So lässt sich das Josuabuch als ein Beispiel für eine biblische Überlieferung der vorstaatlichen Zeit verstehen, in der Krieg im Rahmen der Landverheißung eine große Rolle spielt und dabei nicht negativ konnotiert ist. Hier wird Gott als befremdlich parteiisch dargestellt (vgl. Schwartz 1997, S. 4ff.). Dabei hängt der Umgang mit Gewalt und Krieg entscheidend auch von der Gottesvorstellung Israels ab. Die Vorstellung vom Krieg als Kräftemessen zweier unterschiedlicher Götter scheint in Israel ebenso wie in seiner Nachbarschaft selbstverständlich gewesen zu sein, so dass sich gerade die Landnahme-Kriege auch als Rückprojektionen verstehen lassen. Die Kriege haben jedoch keinen missionarischen Anspruch, Gott kämpft an der Seite Israels, aber es werden keine Kriege für ihn geführt (vgl. Stobbe 2010, S. 128ff.). Erst im Rahmen des Deuteronomistischen Geschichtswerkes (umfasst die Bücher Deuteronomium bis 2 Könige), entstanden vermutlich in der Zeit des Babylonischen Exils, bildet sich die Vorstellung aus, dass Krieg einem Machterweis Gottes dienen könne. Den Göttern wird keine Macht mehr zugetraut, ihnen wird vielmehr die Existenz selbst abgesprochen. – Es gibt nur einen Gott, nämlich den Gott Israels. Hier entsteht erstmals ein geschlossenes Kriegskonzept auf monotheistischer Basis. Dieser Monotheismus spitzt sich im Laufe der Geschichte Israels zum Gedanken zu, dass Gott an der Seite Israels kämpft (2 Chron 20,15; vgl. auch Stobbe 2010, S. 157). Die Vorstellung verbindet sich auch mit der unverbrüchlichen Hoffnung auf Gott und eine eschatologische Vollendung der Welt.

Im Neuen Testament steht die jesuanische Verkündigung Gottes als Liebe im Mittelpunkt. Dabei kennt das Neue Testament viele Wege zur Ausbreitung des Friedens wie ein Verzicht auf Vergeltung (Röm 12,19f.), die Vergebung, die einen Neuanfang ermöglicht (Eph 4,2), das Zurückstellen eigener Interessen, um Möglichkeiten des Ausgleichs zu finden (Phil 2,3f.), das Ertragen von Unrecht gegen die eigene Person um des Friedens in der Gemeinschaft willen oder das Gebot der Feindesliebe (Mt 5,43ff.) (vgl. EKD 2007, Ziff. 43). Neben dieser Fokussierung auf die Einzelne und den Einzelnen trat in nachjesuanischer Zeit auch die Frage nach der Beurteilung staatlicher Gewalt in den Vordergrund. Gerade die Differenzierung von staatlicher Rechtsgemeinschaft und religiöser Glaubensgemeinschaft im frühen Christentum stellte Christinnen und Christen vor neue Herausforderungen. Dieser Konflikt um staatliche Gewalt spiegelt sich in einer ersten Annäherung bereits in Röm 13,1-7 in der paulinischen Bestätigung der prinzipiellen Legitimität der Gewaltausübung durch menschliche Herrscher (vgl. Meireis 2012, S. 179).

1.3   Gewalt in den kirchlichen Traditionen

Die weitere christliche Tradition in ihren vielfältigen konfessionellen Ausprägungen kennzeichnet dann ein ambivalentes Verhältnis von Religion und Gewalt. Die Verbreitung des Christentums war häufig mit der Anwendung religiöser Gewalt gegen Menschen anderen Glaubens oder anderer Überzeugung und Kritikerinnen und Kritiker in den eigenen Reihen verbunden. Damit im Zusammenhang steht auch der Missbrauch biblischer Motive zur Legitimation von Gewaltanwendung im Namen Gottes. So ist die Ambivalenz kennzeichnend zwischen dem radikalen Anspruch zum Pazifismus und zu jeglicher Gewaltablehnung, wie er in der Bergpredigt zum

Ausdruck kommt, und dem Bemühen, menschliches Gewalthandeln ebenso zu legitimieren wie einzuhegen. Dies zeigt sich etwa in der Konzeption Augustins: Für ihn ist Autorität zugleich Gottes Strafe für die Sünde und ihr Heilmittel. Der Staat ist mit legislativer, exekutiver und juridischer Gewalt ausgestattet und hat die Aufgabe, die Herrschbegierigen zu lenken und die Menschen mit Weisheit und Recht zu regieren (vgl. Augustinus 1955 [410], S. 28). Damit wird dann auch die christliche Beteiligung an staatlicher Gewaltausübung möglich. Die bereits von Augustin im Rückgriff auf Cicero benannten Kriterien des gerechten Krieges werden von Thomas von Aquin in seiner *Summa Theologiae* weiterentwickelt. Sein Ziel ist die Einhegung und Begrenzung kriegerischer Gewalt. Die Moraltheologie des Mittelalters hält dann Gewaltanwendung zwar für ein Übel, sie kann jedoch durch die moralische Intention gerechtfertigt werden, sich selbst oder andere gegen Angreifer zu verteidigen oder Übeltäter durch die Todesstrafe umzubringen (vgl. Thomas von Aquin 1882ff. [1265-1273], art.7.8). Martin Luther rechtfertigt den Gebrauch staatlicher Gewalt, vor allem die *potestas* als Herrschaftsvollmacht, aber auch Zwangs- oder Strafgewalt werden mitgedacht. Er unterscheidet zwischen Gesetz und Evangelium: Zum Gesetz gehört auch die Handhabung von Gewalt durch die von Gott dazu auserwählten Organe. Das Evangelium erscheint als Herr des Gesetzes. Damit legitimiert er im Rahmen seiner Zwei-Reiche-Lehre obrigkeitliche Gewaltanwendung, diese muss sich jedoch als Werk christlicher Liebe ausweisen. Gewalt zur Aufrichtung des Reiches Gottes wird dagegen abgelehnt (vgl. Schrey 1984). Gewaltlosigkeit ist geboten, wenn es um die eigene Person und ihr Recht geht. Das wird Gott anvertraut. Die reformatorische Gewaltlehre hat eine antirevolutionäre Tendenz, diese lässt sich beispielsweise an der Stellung der Reformatoren zum Bauernkrieg und damit zur Frage von politischer Gewalt erkennen. Auch Calvin (2008 [1559], IV, 20, S. 11) geht von dem Recht zur Gewaltausübung zum Zweck der Aufrechterhaltung des Friedens aus (vgl. dazu auch Hofheinz 2017). Diese grundlegende Linie der Beurteilung wird unter anderem auch von Immanuel Kant aufgenommen, wenn er die Gehorsamspflicht gegenüber jeder gefestigten staatlichen Macht beschreibt (vgl. Lienemann 1989, S. 165).

Diese Auffassungen stimmen darin überein, dass Gewalt zwar als ein elementares Element der Natur des Menschen begriffen wird, aber auch menschlich-sittlichen Zwecken dienen könne. Dem widersprachen die Verfechter der Gewaltlosigkeit, die ihren Pazifismus in der Gewaltlosigkeit Jesu Christi begründet sahen. Diese Gewaltlosigkeit Christi wurde im monastischen Leben aufgenommen und in zahlreichen Protestformen durch die Geschichte hindurch wieder aktualisiert (vgl. Lienemann 1989, S. 166). Die Verwirklichung des Reiches Gottes durch Gewaltverzicht steht bei den historischen Friedenskirchen, d. h. bei den Mennoniten, Quäkern und der Church of the Brethren, im Vordergrund (vgl. Schrey 1984, S. 172; Enns 2017). Im 20. Jahrhundert wurde diese Denkbewegung von Mahatma Gandhi und Martin Luther King aufgenommen.

2   Zu diesem Band

Der Blick sowohl auf die Begriffsdefinition von Gewalt als auch auf die biblische Überlieferung und die kirchlichen Traditionen hat gezeigt, wie verschieden und zum Teil auch widersprüchlich Gewalt thematisiert wird. Die Komplexität des Befundes macht weitere grundsätzliche Untersuchungen nötig, denen sich dieser Band widmet.

Im Fokus des Bandes steht dabei die Leitfrage, welche Konsequenzen die biblischen Befunde und kirchlichen Traditionen zur Gewalt für die friedensethische Debatte um die Gewaltanwendung im Rahmen des gerechten Friedens zeitigen. Er verhandelt die Thematik anhand von vier Perspektiven: Am Anfang steht eine grundlegende Bestimmung des Begriffes der Gewalt. Ausgehend von der Unterscheidung zwischen legalistischen, engen und weiten Begriffszugängen entwickelt der erste Beitrag von Daniel Meßelken eine differenzierte, interdisziplinäre Definition von Gewalt, die wichtige Aspekte der Beschreibungen aufnimmt.

Der zweite Beitrag von Torsten Meireis wendet sich dem biblischen Befund unter dem Fokus hermeneutischer Überlegungen zu. Er stellt verschiedene hermeneutische Leitperspektiven vor, die eine Einordnung und Bewertung biblischer Gewalttexte erlauben. Diese Auseinandersetzung ist geprägt durch das Deutungsnarrativ der Gewaltüberwindung und Versöhnung in Jesus Christus.

In Fortführung dieser Debatten fragt der dritte Beitrag von Marco Hofheinz nach reformierten und lutherischen Perspektiven auf die Ethik rechtserhaltender Gewalt, welche die Kant'sche Idee einer Ethik durch Recht aufnimmt. Der Autor skizziert dabei die reformatorischen Debatten um militärische Gewalt und untersucht die Barmer Theologische Erklärung als Zusammenführung beider Traditionen.

Der vierte Beitrag von Ines-Jacqueline Werkner nimmt die Frage des konfessionellen Umganges mit Gewalt auf und stellt sie in einen ökumenischen Zusammenhang. Anhand eines Vergleichs verschiedener christlicher Denominationen zeigt die Autorin exemplarisch auf, wie unterschiedlich das Thema der Gewalt in den verschiedenen Traditionen diskutiert wird und welche friedensethischen Schlussfolgerungen daraus möglich sind.

Der abschließende Ausblick beleuchtet noch einmal die zentralen Argumentationsmuster und Begründungslinien dieses Bandes und entfaltet die Ambivalenz der ethischen Diskurse um militärische Gewalt in drei Dimensionen: im Bereich der erfahrenen Gewalt, des biblischen Rückgriffes und der kirchlichen Traditionen.

Literatur

Assmann, Jan. 2007. *Moses der Ägypter. Entzifferung einer Gedächtnisspur.* 6. Aufl. Frankfurt a. M.: Fischer.

Augustinus. 1955 [410]. *De civitate Dei [Der Gottesstaat],* hrsg. von Bernhard Dombart und Alphons Kalb. Turnhout: Brepols.

Burkert, Walter. 1972. *Homo Necans. Interpretationen altgriechischer Opferriten und Mythen.* New York: De Gruyter.

Calvin, Johannes. 2008 [1559]. *Unterricht in der christlichen Religion. Institutio christianae religionis.* Neukirchen: Neukirchener Theologie.

Endreß, Martin und Benjamin Rampp. 2017. Die friedensethische Bedeutung der Kategorie Gewalt. In *Handbuch Friedensethik,* hrsg. von Ines-Jacqueline Werkner und Klaus Ebeling, 164-173. Wiesbaden: Springer VS.

Enns, Fernando. 2017. Der gerechte Frieden in den Friedenskirchen. In *Handbuch Friedensethik,* hrsg. von Ines-Jacqueline Werkner und Klaus Ebeling, 361-376. Wiesbaden: Springer VS.

EKD. 2007. *Aus Gottes Frieden leben – für gerechten Frieden sorgen. Eine Denkschrift des Rates der Evangelischen Kirche in Deutschland.* 2. Aufl. Gütersloh: Gütersloher Verlagshaus.

Galtung, Johan. 1975. *Strukturelle Gewalt. Beiträge zur Friedens- und Konfliktforschung.* Reinbek bei Hamburg: Rowohlt.

Giddens, Anthony. 1985. *The National State and Violence.* Cambridge: Polity Press.

Girard, René. 1972. *La Violence et le Sacré.* Paris: Puriel.

Hofheinz, Marco. 2017. Die Lehre vom gerechten Krieg in der reformierten Tradition. In *Handbuch Friedensethik,* hrsg. von Ines-Jacqueline Werkner und Klaus Ebeling, 277-289. Wiesbaden: VS Springer.

Imbusch, Peter. 2002. Der Gewaltbegriff. In *Internationales Handbuch der Gewaltforschung,* hrsg. von Wilhelm Heitmeyer und John Hagan, 25-57. Wiesbaden: VS Verlag für Sozialwissenschaften.

Kippenberg, Hans G. 2008. *Gewalt als Gottesdienst. Religionskriege im Zeitalter der Globalisierung.* München: C. H. Beck.

Lienemann, Wolfgang. 1989. Gewalt, Gewaltlosigkeit. In *Evangelisches Kirchenlexikon. Internationale theologische Enzyklopädie.* Bd. 2, hrsg. von Erwin Fahlbusch, 163-169. Göttingen: Vandenhoeck & Ruprecht.

Meireis, Torsten. 2012. Die Realität der Gewalt und die Hoffnung auf Frieden. Perspektiven des christlichen Umgangs mit Gewalt. In *Gewalt und*

Gewalten. Zur Ausübung, Legitimität und Ambivalenz rechtserhaltender Gewalt, hrsg. von Torsten Meireis, 177-201. Tübingen: Mohr Siebeck.

Meßelken, Daniel. 2012. *Gerechte Gewalt? Zum Begriff interpersonaler Gewalt und ihrer moralischen Bewertung.* Paderborn: mentis.

Narr, Wolf Dieter. 1973. Gewalt und Legitimität. *Leviathan* 1 (3): 7-42.

Neidhardt, Friedhelm. 1986. Gewalt. Soziale Bedeutungen und sozialwissenschaftliche Bestimmungen eines Begriffs. In *Was ist Gewalt? Auseinandersetzungen mit einem Begriff*, hrsg. vom Bundeskriminalamt, 109-147. Wiesbaden: BKA.

Nirenberg, David. 1998. *Communities of Violence. Persecution of Minorities in the Middle Ages.* Princeton: University Press.

Nolting, Hans-Peter. 2004. Psychologie politischer Gewalt: drei Ebenen. In *Krieg und Frieden. Handbuch der Konflikt- und Friedenspsychologie*, hrsg. von Gert Sommer und Albert Fuchs, 18-30. Weinheim: Beltz.

Popitz, Heinrich. 1992. *Phänomene der Macht.* Tübingen: Mohr Siebeck.

Schäfer, Peter. 2005. Geschichte und Gedächtnisgeschichte. Jan Assmanns „Mosaische Unterscheidung". In *Memoria – Wege jüdischen Erinnerns. Festschrift für Michael Brocke*, hrsg. von Birgit Klein und Christiane E. Müller, 19-39. Berlin: Metropol.

Schrey, Heinz-Horst. 1984. Gewalt, Gewaltlosigkeit. In *Theologische Realenzyklopädie.* Bd. XIII, hrsg. von Gerhard Müller, 168-178. Berlin: De Gruyter.

Schubert, Klaus und Martina Klein. 2016. Art. Gewalt. In *Das Politiklexikon. Begriffe Fakten Zusammenhänge*, hrsg. von Klaus Schubert und Martina Klein, 133, 136. 6. Aufl. Bonn: Dietz.

Schwartz, Regina M. 1997. *The Curse of Cain. The Violent Legacy of Monotheism.* Chicago: University of Chicago Press.

Stobbe, Heinz-Günther. 2010. *Religion, Gewalt und Krieg. Eine Einführung.* Stuttgart: Kohlhammer.

Thomas von Aquin. 1882ff. [1265-1273]. *Summa Theologiae.* Rom: Editio Leonina.

Waldmann, Peter. 1995. Politik und Gewalt. In *Lexikon der Politik, Bd. 1: Politische Theorien*, hrsg. von Dieter Nohlen und Rainer-Olaf Schultze, 430-435. München: C. H. Beck.

Waldmann, Peter. 1998. *Terrorismus. Provokation der Macht.* München: Gerling Akademie Verlag.

Werkner, Ines-Jacqueline (Hrsg.). 2016. *Religion in der Friedens- und Konfliktforschung. Interdisziplinäre Zugänge zu einem multidimensionalen Begriff.* Baden-Baden: Nomos.

Gewalt – Versuch einer Begriffsklärung

Daniel Meßelken

1   Einleitung: Einführende Bemerkungen zum Gewaltbegriff

Das Spektrum dessen, was als Gewalt bezeichnet wird, ist groß. Es reicht von paradigmatischen Fällen wie kriegerischen Konflikten und Terrorismus über Mord durch Erschlagen und Körperverletzungen bis hin zu umstritteneren Beispielen wie struktureller, sozialer, psychologischer oder verbaler Gewalt. Gewalt muss daher als eine anthropologische Konstante bezeichnet werden: Die Fähigkeit, andere zu verletzen, und die Eigenschaft, von anderen verletzt zu werden, sind Teile der menschlichen Natur. Gewalt ist auch als „Universalsprache" (Neidhardt 1986) bezeichnet worden. Sie ist voraussetzungslos, allgemein verfügbar und von kulturellen Voraussetzungen unabhängig. Mit Gewalt kann sich ein Mensch gegen einen anderen durchsetzen, auch wenn sie ansonsten keine gemeinsame Sprache sprechen. Das Beunruhigende an Gewalt liegt nach Peter Imbusch (2005, S. 22) in ihrer ständigen Verfügbarkeit: Jeder kann zu (beinahe) jedem Moment auf Gewalt zurückgreifen und niemand ist zu jeder Zeit gegen Gewalt geschützt. Zur

Beschreibung dieses Phänomens prägte der Soziologe Heinrich Popitz (1992, S. 43ff.) die Begriffe „Verletzungsmächtigkeit" und „Verletzungsoffenheit". Auch in Thomas Hobbes' Bild des Krieges aller gegen alle (Hobbes 1651) wird dieser Aspekt menschlichen Zusammenlebens beschrieben und als Teil des Menschen gesehen.

Gewalthandlungen werden im Allgemeinen als problematisch wahrgenommen, als etwas Abzulehnendes und moralisch zumindest prima facie Verwerfliches. Positive Verwendungen des Wortes „Gewalt" sind selten und finden sich am häufigsten wohl noch im Adjektiv „gewaltig", wenn dieses zur Respektbezeugung oder anerkennend verwendet wird („eine gewaltige Leistung"). Derartige positive Wortverwendungen stützen sich häufig auf Metaphern, deren Bilder allerdings wenig hilfreich sind und gerade mit der Mehrdeutigkeit des Begriffs „Gewalt" spielen. Eine genuin positive Darstellung von Gewalt findet sich hingegen in gewaltverherrlichenden Texten, Bildern, Filmen etc. Diese grenzen sich aber gerade durch die positive Darstellung der Gewalt von der sonst verbreiteten Position ab, nach der Gewalt beziehungsweise Gewalthandlungen zumindest unter starkem Rechtfertigungsdruck stehen.

„Gewalt" kann somit als ein doppelt umstrittener Begriff gelten: Zum einen ist die *Bedeutung*, die dem Begriff zugeschrieben wird, umstritten und lässt sich wohl nicht einvernehmlich und eindeutig klären. Zum anderen ist auch seine *Bewertung* umstritten, wird er sowohl zur Legitimierung als auch zur Verurteilung von Verhaltensweisen, Systemen etc. verwendet. Was als Gewalt bezeichnet oder gedeutet wird und wo die Grenzen von Gewalt liegen, ist immer auch eine Frage der diskursiven und sozialen Konstruktion. Der Gewaltbegriff ist somit auch ein „Kampfbegriff", mit dessen Hilfe in Diskussionen und Auseinandersetzungen über eigene und fremde Handlungen geurteilt und Legitimationen zu- oder abgesprochen werden. Seine Bedeutungsoffenheit spielt dieser Verwendung sicherlich zu.

Wir haben gesehen: Gewalt gehört als ständige Möglichkeit zur *conditio humana* – und wird zugleich als problematisch wahrgenommen; sie soll nicht sein und ihr Vorhandensein wird allgemein als Problem beschrieben. Zur Überwindung des wie oben beschriebenen gewaltsamen Naturzustandes wird prominent von Hobbes die Zentralisierung der Kompetenz zur Gewaltausübung vorgeschlagen. Zwar wird dadurch die Verletzungsmächtigkeit aller Menschen nicht prinzipiell eingeschränkt, aber die Ausübung von Gewalt wird prima facie delegitimiert und nur noch einem (zugleich besonders mächtigen) Akteur innerhalb eines festgelegten Rahmens zugestanden. Letztlich soll also die institutionalisierte Drohung mit Gewalt das tatsächliche individuelle Vorkommen von Gewalt reduzieren. An dieser Idee des Gewaltmonopols zur Überwindung des Naturzustands wird im Prinzip bis heute festgehalten: Einerseits auf innerstaatlicher Ebene, auf der der moderne Staat die ausschließliche Befugnis zur Gewaltanwendung bzw. -androhung besitzt. Wo dies nicht so ist, spricht man bezeichnenderweise von *failed states*. Solche gescheiterten Staaten zeichnen sich unter anderem dadurch aus, dass der Staat de facto sein Gewaltmonopol nicht durchsetzen kann und die staatliche Ordnung von anderen (Gewalt-)Akteuren infrage gestellt wird. Andererseits ist die Idee des Gewaltmonopols seit der Gründung der Vereinten Nationen als Zielvorstellung auch auf zwischenstaatlicher Ebene präsent. Gewalt zwischen Staaten kann nur von den Vereinten Nationen legitimiert werden. Alfred Hirsch (2013, S. 348) sieht in der „Legitimität des staatlichen Gewaltmonopols durch die Eliminationsgarantie ungeregelter und wilder Gewaltausübungen" sogar die „Meta-Erzählung des politischen Denkens der Moderne".

Im Folgenden soll es nun aber nicht um Fragen gehen, wann Staatsgewalt legitim ist oder wie individuelle Gewalt überwunden werden kann. Vielmehr wird der Begriff der Gewalt selbst genauer analysiert und seine Bedeutung(en) betrachtet. Dazu werden im nächsten Abschnitt die etymologischen Wurzeln des Begriffs und seine Verwendung in anderen Sprachen erörtert. Im dritten und Hauptteil des Beitrags wird dann der Gewaltbegriff aus der Perspektive der neueren (analytischen) Philosophie genauer betrachtet und expliziert.[1] Nicht weiter betrachtet werden dagegen Rechtfertigungsdiskurse von Gewalt. Eine solche Diskussion würde den Rahmen dieses Aufsatzes sprengen und bleibt anderen Beiträgen innerhalb der Reihe „Gerechter Frieden" vorbehalten.

2 Etymologie von „Gewalt" und die Unterscheidung in *violence, power* und *force*

Die etymologischen Wurzeln des deutschen Wortes „Gewalt" liegen im indogermanischen *giwaltan / waldan / val*. Dieses kann „Verfügungsfähigkeit über etwas besitzen" heißen, aber auch einfach „Kraft haben" oder „etwas beherrschen" (vgl. Faber et al. 1982, S. 835; Hirsch 2013, S. 349f.). Im ursprünglichen Wortstamm ist also bereits eine Doppeldeutigkeit angelegt, die sich auch in der weiteren Entwicklung der deutschen Sprache nicht auflöst. Nach Hirsch (2013, S. 249) wird die indogermanische Wortwurzel *val* später „wechselweise als Übersetzung verschiedener lateinischer Rechtstermini benutzt und spreizt sich im Ausgang des Mittelalters semantisch zwischen *potestas* und *violentia* auf".

Auch der heutige Begriff „Gewalt" hat diese Zweideutigkeit behalten. Er kann daher sowohl als „Kompetenzbegriff" als auch als „Aktionsbegriff" verwendet werden (vgl. Neidhardt 1986). Als

---

1   Die Thematik des vorliegenden Beitrags habe ich ausführlicher analysiert in meinem Buch „Gerechte Gewalt?" (2012). Hier werden einige der früher vertretenen Thesen aufgegriffen und um neue Überlegungen ergänzt.

Kompetenzbegriff verweist er auf eine (staatliche) Herrschaftsordnung, eine Regierungsordnung oder ein Verfügungs- bzw. Besitzverhältnis (vgl. auch Imbusch 2002). Als Aktionsbegriff bezeichnet der Begriff Gewalt Angriffe auf den Körper, meist unter dem Einsatz physischer Kraft. Dieser zweite Bedeutungsanteil ist der intuitiv am häufigsten mit dem Wort „Gewalt" verbundene und derjenige, auf den sich die Begriffsklärung im dritten Abschnitt dieses Kapitels beziehen soll. Teresa Koloma Beck und Klaus Schlichte (2014, S. 39) weisen auf die Besonderheit des doppeldeutigen und nicht unproblematischen deutschen Sprachgebrauchs hin: „Nur im Deutschen können sowohl der körperliche Angriff wie die Autorität eines Herrschers mit demselben Wort belegt werden."

In der Idee des Gewaltmonopols treffen die verschiedenen Aspekte des deutschen Wortes „Gewalt" aufeinander. Das Gewaltmonopol bezeichnet die Sonderstellung oder Macht (*potestas*) eines Akteurs, der potenziell zur Ausübung von Gewalt (*violentia*) berechtigt ist. Andere Sprachen (z. B. das Englische, Französische und Lateinische) unterscheiden die verschiedenen Aspekte des deutschen Wortes „Gewalt" und verwenden dafür auch unterschiedliche Begriffe. Sie vermeiden oder reduzieren damit die „semantische Ambivalenz" (Hirsch 2013, S. 349) der deutschen Sprache. Das lateinische *violentia* etwa heißt wörtlich „Kraft an etwas tragen" und beschreibt damit den *Aktions*-Aspekt von Gewalt. Staats- oder Amtsgewalt sowie Macht und Einfluss werden im Lateinischen dagegen mit den Begriffen *potestas* und *auctoritas* bezeichnet und damit der *Kompetenz*-Aspekt des deutschen Wortes „Gewalt" beschrieben. Im Englischen und Französischen gibt es zur Unterscheidung der beiden Aspekte die Begriffe *power / pouvoir, force* und *violence*. Da es im Deutschen vor allem für den Aspekt der *force* keine sinnvolle andere Übersetzung als „Gewalt" gibt, werden in den folgenden Ausführungen die englischen Begriffe in Klammern ergänzt, um auf die genannten Unterschiede hinzuweisen. Neben

der Unterscheidung in Aktions- und Kompetenzbegriff kann man
Gewalt auch als Deutungsbegriff verstehen. Mit diesem Aspekt wird
auf die diskursive Kraft verwiesen, die in der Beschreibung einer
Handlung als Gewalt liegt. Wird eine Handlung als Gewalt im
Sinne von *violentia* bezeichnet, schwingt die negative Beurteilung
der Handlung und ihres Urhebers bzw. ihrer Urheberin fraglos
mit; wird sie hingegen als rechtswahrende *potestas* beschrieben,
wird ihr zumeist Legitimität zuerkannt – oft auch dann, wenn die
entsprechende Handlung mit Ausübung von *violence* verbunden
ist. Vor diesem Hintergrund kommt einer genauen und differen-
zierten Beschreibung dessen, was Gewalt ausmacht, eine große
Bedeutung zu, um missbräuchliche Zuschreibungen zu erschweren
und Missverständnisse zu vermeiden.

3   Definitionen von Gewalt (*violence*) in der analytischen Philosophie

In normativen Analysen von Gewalt werden selten die begriffli-
chen Grenzen von Gewalt bestimmt. Meist wird die Antwort auf
die Frage, was Gewalt ausmacht, als gegeben angenommen und
sogleich der Rechtfertigungsdiskurs geführt. Erstaunlicherweise
gibt es verglichen mit der Anzahl von Arbeiten zur Legitimität
von Gewalt eine eher kleine Anzahl von Beiträgen, die sich mit der
Definition des Begriffs befassen. Im Folgenden wird versucht, die
Bedeutung des Aktionsbegriffs Gewalt näher zu bestimmen und
eine Definition dieses Bedeutungsanteils vorzulegen.

Nach Tony Coady (1986, 2017) können Definitionen von Gewalt
(*violence*) in legalistische, enge und weite Definitionen unterteilt
werden, je nachdem, auf welche Merkmale sie sich in relevanter
Weise stützen. Ähnliche Einteilungen finden sich auch in den beiden Beiträgen von Vittorio Bufacchi (2005) sowie von Kenneth W.

Grundy und Michael A. Weinstein (1974). Legalistische Definitionen beschreiben Gewalt auf der Basis positiver (rechtlicher) Normen als illegalen Einsatz physischer Gewalt. Die engen Definitionen sehen in der Anwendung physischer Gewalt ein notwendiges Merkmal und betonen damit besonders die Art der Täter-Handlung; weite Definitionen hingegen starten vom Ergebnis gewaltsamer Handlungen, nämlich der Schädigung einer Person.

3.1 Legalistische Definitionen

Legalistische Definitionen sind aus philosophischer und normativer Perspektive insofern etwas weniger interessant oder relevant, als sie sowohl die Frage der Definition von Gewalt als auch die nach ihrer Legitimität vorentschieden haben beziehungsweise an andere Instanzen auslagern. Denn vergleichbare und ansonsten nicht unterscheidbare Handlungen werden je nachdem, ob sie in einem gegebenen Normensystem legal oder illegal sind, als rechtsstützende *force* (zum Beispiel im Rahmen eines Polizeieinsatzes) oder dem Recht widersprechende *violence* (zum Beispiel durch einen Geiselnehmer) bezeichnet. Gewalt (*violence*) ist damit per definitionem moralisch falsch. Insofern sich legalistische Definitionen bei dieser Bewertung auf existierende Wertesysteme beziehen, können sie auch als konservativ bezeichnet werden: Rechtserhaltende Gewalt im Namen eines bestehenden Systems wird als erlaubte *force* gewertet, Gewalt mit dem Ziel einer Rechtsveränderung ist zwangsläufig außerhalb bestehender Normen und damit unerlaubte *violence*. Als Beispiel sei hier die Definition von Robert Paul Wolff zitiert: „Violence is the *illegitimate or unauthorized use of force* to effect decisions against the will or desires of others" (Wolff 1969, S. 606, Hervorh. d. Verf.).

3.2 Enge beziehungsweise minimalistische Definitionen

Gemäß Imbusch (2005, S. 21) steht im „Zentrum der Gewaltproblematik [...] seit jeher und unbestritten die *physische* Gewalt. Sie bildet sozusagen den Kernbereich von Gewalt" (Hervorh. d. Verf.). Enge Definitionen reflektieren diese Position und verbinden Gewalt (*violence*) stets mit dem Einsatz physischer Kraft (*force*). Sie entsprechen damit wohl auch unserem intuitiven Verständnis des (Aktions-)Begriffes Gewalt am ehesten und decken auch paradigmatische Fälle wie das Erschlagen eines Widersachers ab. Aufgrund der Konzentration auf eindeutig physisch gewaltsame Handlungen wurde ein solcherart enger Ansatz von Alfred Harris (1980, S. 16) als „rape, murder, fire, and sword paradigm" bezeichnet oder – aufgrund der Konzentration auf die leicht beobachtbaren Anteile solcher Art Handlungen – als „observational definition" (Grundy und Weinstein 1974, S. 9). Enge Definitionen sehen für den Aktionsbegriff Gewalt (*violence*) im absichtlichen und gerichteten Gebrauch von Gewalt im Sinne von *force* eine notwendige Bedingung. Im *Oxford English Dictionary*, das gerne als Beispiel herangezogen wird, heißt es etwa unter dem Stichwort *violence*: „The deliberate exercise of physical force against a person, property, etc.; physically violent behaviour or treatment" (OED 2017). Verglichen mit legalistischen und auch weiten Definitionen von Gewalt ist diese Beschreibung weit deskriptiver und weniger normativ aufgeladen. Als „minimalistische Konzeptionen von Gewalt" (Bufacchi 2005, S. 197) sind solche Ansätze wohl am wertneutralsten. Das gilt im Übrigen auch im Vergleich mit früheren Fassungen desselben Eintrags im *Oxford English Dictionary*, in denen noch von „bodily injury or forcibly interfering with personal freedom" (OED 1989) gesprochen wurde. In der zitierten aktuellen Definition ist nun aber lediglich eine Art zu handeln beschrieben und Verweise auf deren mögliche Folgen sind allenfalls indirekt.

Allerdings lassen sich auch Beispiele denken, in denen Gewalt ohne den Einsatz körperlicher Kraft (*force*) ausgeübt wird, wie zum Beispiel das Vergiften einer anderen Person. Der Fall des Ex-KGB-Agenten Alexander Litvinienko, der im November 2006 mit dem radioaktiven Polonium 210 vergiftet wurde und einige Wochen später starb, zeigt, dass es selbst mit modernsten Mitteln schwierig sein kann, den Zeitpunkt der Vergiftung überhaupt zu bestimmen. Von einer *gewaltsamen Verabreichung* des tödlichen Mittels kann hier also nicht gesprochen werden; dennoch würden wir von einem *gewaltsamen Tod* sprechen.

Umgekehrt kann ein gerichteter und überwältigender Einsatz körperlicher Kraft (*force*) vorliegen, ohne dass wir von Gewalt sprechen würden. – So zum Beispiel bei der Rettung eines Ertrinkenden, der sich in seiner Todesangst noch gegen die notwendige Umklammerung durch den Rettungsschwimmer wehrt. In einem anderen Zusammenhang würden wir eine ähnliche Umklammerung durchaus als Gewalt bezeichnen. Ein weiteres interessantes Beispiel bietet die Medizin: In bestimmten Situationen kann ein Schnitt in die Luftröhre (Tracheothomie) lebensrettend sein. Es wird also eine Kraft gegen den Körper ausgeübt und dieser dabei eindeutig verletzt. Dennoch würden wir wohl nicht von einem gewaltsamen Eingriff sprechen.

In den drei zuletzt genannten Beispielen ist es wohl die *Schädigungsintention*, die uns veranlasst, eine Handlung als Gewalt zu werten. Sie ist ein zweites zentrales Merkmal enger Definitionen und zeigt, dass die Ausübung physischer Kraft (*force*) weder hinreichend noch notwendig (wie im obigen Beispiel skizziert) für das Vorliegen von Gewalt (*violence*) ist.

Zusammenfassend liefern enge Definitionen also eine vergleichsweise präzise und wenig streitbare Beschreibung paradigmatischer

Fälle gewaltsamen Handelns. Zugleich begrenzen sie das Verständnis von Gewalt aber auf nur eine, wenn auch wichtige Dimension (den absichtlichen Einsatz physischer Gewalt) und verlieren dadurch andere Dimensionen gewaltsamen Handelns aus dem Blick. Das Kriterium der *force* allein ist nicht hinreichend und muss um weitere Aspekte ergänzt werden. Zudem ist nicht der absolute physikalisch messbare Wert der eingesetzten Kraft entscheidend, sondern die relative: „Der Überwältiger wird im Ganzen eine größere Kraft entwickeln als der Angegriffene" (Nunner-Winkler 2004, S. 38).

3.3   Weite beziehungsweise umfassende Definitionen

In der Literatur am umstrittensten sind die weiten Definitionen, die auch als „comprehensive conceptions" (Bufacchi 2005) oder „expansive definitions" (Grundy und Weinstein 1974) bezeichnet werden. Trotz ihrer Umstrittenheit liefern sie meines Erachtens einen sehr wichtigen Beitrag zur Debatte und einige dieser weit gefächerten Ansätze gehören aus normativer Perspektive zu den interessantesten Definitionsansätzen. Weite Konzepte von Gewalt machen das Vorliegen von Gewalt (*violence*) unabhängig vom Gebrauch physischer Kraft (*force*) wie auch von der Frage ihrer Legalität; sie setzen den Fokus auf die Verletzung oder Schädigung als dem zentralen Merkmal von Gewalt (*violence*):

> „Gewalt liegt vor, wenn es Opfer und Verletzungen gibt; mit welchen Mitteln und von welchen Akteuren dies bewirkt wird, gilt als zweitrangig. Es sind dann also weniger die Handlungsqualitäten als die Handlungsfolgen, die den Gewaltbegriff bestimmen" (Neidhardt 1986, S. 122).

Sie orientieren sich also an den Konsequenzen und definieren gewaltsames Handeln über seine Folgen. Nicht *wie* ein *Täter handelt*, sondern *was* die Handlung beim *Opfer bewirkt* ist entscheidend. Damit orientieren sie sich auch an der Bedeutung des lateinischen *violare*, das meist mit „verletzen" übersetzt wird.

3.3.1 Sehr weite Gewaltbegriffe

Das kann teilweise zu Verständnissen von Gewalt führen, die weit über unseren intuitiven Begriff hinausgehen. Der wohl bekannteste Ansatz in diese Richtung ist jener des norwegischen Friedensforschers Johan Galtung, (1975, S. 9), der den Begriff der „strukturellen Gewalt" geprägt und folgendermaßen definiert hat: „Gewalt liegt dann vor, wenn Menschen so beeinflußt werden, daß ihre aktuelle somatische und geistige Verwirklichung geringer ist als ihre potentielle Verwirklichung."

Nach verbreiteter Meinung sind derart weitgehende Definitionen von Gewalt wenig zielführend. Zwar werden mit Galtungs Begriff struktureller Gewalt Umstände und Handlungswirkungen beschrieben, welche aus moralischer Sicht durchaus anzuprangern sind, allerdings weniger als Folgen gewaltsamen Handelns, sondern eher unter dem Begriff ungerechter Herrschaftsordnungen beziehungsweise allgemein als ein Problem von (Un-)Gerechtigkeit. Kritikern zufolge sollte nicht jede Form von sozialer Ungerechtigkeit als Gewalt bezeichnet werden:

> "These things may lead to violence or they may need violence, or the threat of it, to sustain and implement them, but that is another matter. It may be argued that violence is a bad thing, but it is just confusing to treat every bad thing as violence" (Coady 2017; vgl. auch Koloma Beck und Schlichte 2014, S. 37).

In eine ähnliche Stoßrichtung wie der Ansatz von Galtung geht die Definition von Gewalt, welche die *World Health Organization*

(WHO) 2012 vorgelegt hat. Gewalt (*violence*) wird dort beschrieben als:

> „The intentional use of physical force *or power*, threatened or actual, against oneself, another person, or against a group or community, that either results in or has a high likelihood of resulting in injury, death, *psychological harm, maldevelopment or deprivation*" (WHO 2012, S. 4, Hervorh. d. Verf.).

Zunächst ist festzustellen, dass dieser Definitionsansatz offensichtlich von der Arbeit und politischen Agenda der WHO motiviert ist beziehungsweise zumindest die *Public Health*-Perspektive der Gesundheitsorganisation reflektiert. Der sehr weite Gewaltbegriff wird hier (wie häufig) zur Skandalisierung von Zuständen verwendet, die mit Gewalt im engeren Sinne nicht mehr direkt verbunden sind. An der WHO-Definition lässt sich aber auch aufzeigen, wodurch diese starke Ausweitung zustande kommt: Würde man die in der obigen Definition hervorgehobenen Aspekte weglassen, wäre man recht nahe an einer engen Definition wie beispielsweise der aus dem OED zitierten. Nimmt man die WHO-Definition hingegen im Original, lassen die oben kursiv markierten Aspekte sehr weitgehende und unterschiedliche Interpretationen zu. Nach der WHO-Definition fällt zum Beispiel Unterentwicklung als Ergebnis von Machtausübung ebenso unter den Begriff der Gewalt wie Selbstmord, um nur zwei Extreme zu nennen.

3.3.2 Weite, aber schon begrenzte Gewaltbegriffe

In der neueren Literatur gibt es eine Reihe von Vorschlägen, welche Art von Verletzung für die Beschreibung von Gewalt (*violence*) in einem weiten Begriffsverständnis hinreichend sein sollen; sie führen teilweise ebenfalls zu sehr weiten Begriffen von Gewalt und damit auch der Gefahr eines sehr unspezifischen Gewaltbegriffs. Auf solche sehr weiten Ansätze soll hier nicht weiter eingegangen werden, da sie sich für eine klar abgegrenzte und nicht ausufernde Definition als zu weit erweisen. Andere Ansätze wiederum eignen sich durchaus dazu, einen sinnvoll eingegrenzten Begriff von Gewalt innerhalb eines weiten Verständnisses zu beschreiben. Zu den weniger extremen Ansätzen gehören hier Definitionen von Gewalt über die Verletzung des Körpers, der Autonomie oder von grundlegenden moralischen Rechten. Gewalt über die *Verletzung des (menschlichen) Körpers* zu beschreiben ist wenig überraschend und kann auch ein Merkmal mancher engen Definitionen sein. Die Beschreibung über die Körperverletzung hat den Vorteil, bei einem recht klar begrenzten Gewaltbegriff zu bleiben, der sich an paradigmatischen Fällen orientiert (vgl. z. B. Lawrence 1970 oder die oben zitierte alte Fassung des OED). Der dennoch entscheidende Unterschied zu einem im strikten Sinn engen Gewaltverständnis besteht in der Loslösung der Definition von den eingesetzten Mitteln und der veränderten Perspektive: Durch die Aufnahme der Verletzung als zentrales Kriterium kommt das Gewaltopfer anstelle des Täters stärker in den Blick. Das oben genannte Beispiel des Giftmordes wird auf diese Weise klar zu einem Fall von Gewaltanwendung. Problematisch an der Definition über das Kriterium der Körperverletzung ist die Frage, ab wann von einer solchen gesprochen werden soll und wer über die notwendige Schwelle entscheidet. Mit dem Tod ist der Gewaltwirkung nach oben eine Grenze gesetzt. Die Grenzziehung am anderen Ende der Skala ist jedoch weniger klar und bleibt letztlich eine Gradfrage: „Menschen besitzen in dieser Hinsicht ungleiche Toleranzen, die im Übrigen auch noch variieren je nach Situation und sozialer Konstellation" (Neidhardt 1986, S. 121). Es ist zum Beispiel strittig, ob ein sportlicher Boxkampf als Gewalt zu zählen ist; bei einer Kneipenschlägerei mit den gleichen Mitteln ist das keine Frage. Ebenfalls noch relativ nah am intuitiven und damit an einem eher engen Verständnis von Gewalt ist ihre Beschreibung als *Verletzung von Autonomie* (so z. B. Charlesworth 1981; Ranly 1972). Nach diesem Verständnis wird das Gewaltopfer gezwungen, sich gegen seinen eigentlichen Willen zu verhalten – unabhängig davon, mit welchen Mitteln ein solcher Zwang ausgeübt wird. Charlesworth (1981, S. 32) definiert Gewalt (*violence*) als „a kind of power or force which over-rides the autonomy of the person who is the object of violence". Interessanterweise kommt in dem strafrechtlichen Begriff der *vis compulsiva* ein sehr ähnliches Verständnis zum Ausdruck. Als *vis compulsiva* wird von Juristen eine Handlung mit dem Zweck beschrieben, bei einer anderen Person eine Willensänderung hervorzurufen und sie zu einem vom Täter gewünschten Verhalten zu bringen oder von etwas abzuhalten. Der Täter erreicht sein Ziel dabei gemäß dem juristischen Tatbestand nicht durch physische Gewaltanwendung, sondern übt auf das Opfer psychischen Zwang aus, welcher die Willensbeugung auslöst. In der alten Definition des OED findet sich mit „forcibly interfering with personal freedom" ebenfalls ein vergleichbarer Bedeutungsanteil von *violence*, welcher in der aktuellen Fassung allerdings gestrichen wurde.

Aus dieser kurzen Beschäftigung mit der Beschreibung von Gewalt als Verletzung von Autonomie lässt sich festhalten, dass die Ausübung von Gewalt immer auf die Beugung oder Überwindung des Willens des Opfers zielt. Gewalt ist daher immer auch mit der Ausübung von Zwang verbunden ist. Umgekehrt muss Zwang aber nicht immer mit der Ausübung von Gewalt (*violence*) einhergehen, sondern kann auch mit anderen Mitteln ausgeübt werden. Die Drohung mit der Veröffentlichung sensibler Informationen etwa kann auch ein Verhalten erzwingen, beinhaltet aber keine Gewalthandlung.

Einen Spezialfall stellt daher der Rechtsbegriff des „unmittelbaren Zwangs" dar. Im Gesetz über den unmittelbaren Zwang bei Ausübung öffentlicher Gewalt durch Vollzugsbeamte des Bundes (UZwG) wird unmittelbarer Zwang definiert als „die Einwirkung auf Personen oder Sachen [durch Vollzugsbeamte des Bundes, Anm. d. Verf.] durch körperliche Gewalt, ihre Hilfsmittel und durch Waffen" (§2 UzwG). Solcher unmittelbare Zwang geht daher per definitionem immer mit der Ausübung von Gewalt (*violence*) einher. Der juristische Begriff „unmittelbarer Zwang" bezieht sich allerdings ausschließlich auf die Ausübung oder Durchsetzung von Staats-Gewalt (*power*) durch Staatsbeamte. Für eine allgemeine Diskussion des Gewaltbegriffs ergeben sich aus dieser rechtlichen Setzung keine neuen Aspekte.

Eine dritte Gruppe von Autoren innerhalb des weiten Gewaltbegriffs beschreibt Gewalt als *Verletzung moralischer Rechte*. Innerhalb derartiger Ansätze können weit differierende Definitionen von Gewalt vertreten werden, je nachdem, welche Rechte als relevant für das Vorliegen von Gewalt angesehen werden. Üblicherweise wird angenommen, dass Personen bestimmte Rechte als Naturrechte zukommen, und dass die Verletzung einer Auswahl dieser Rechte als Gewalt zu werten ist (z. B. Garver 1968; Gert 1969). Damit ist zwar noch nichts über den konkreten Inhalt der relevanten Rechte gesagt, es ist dann aber klar, dass Gewalthandlungen nur gegen Personen möglich sind und zum Beispiel von Gewalt gegen Dinge oder Tiere innerhalb solcher Ansätze nicht sinnvoll gesprochen werden kann. Zugleich ist die Art und Weise der Handlung, welche die Rechteverletzung zur Folge hat, weniger wichtig. Konkret bedeutet dies, dass Gewalt (*violence*) unabhängig vom physischen Krafteinsatz (*force*) verstanden wird:

> "One of the very first things to understand about violence in human affairs is that it is not the same thing as force. It is clear that force is often used on another person's body and there is no violence done" (Garver 1968, S. 257).

Gegen den Körper gerichtete Kraft (wie auch im oben genannten Fall der Rettung eines Ertrinkenden) ist also nicht hinreichend für die Bestimmung einer Gewalthandlung, es muss eine Verletzung hinzukommen. Und diese Verletzung bestimmen rechtebasierte Gewaltverständnisse eben über die (abstrakte) Verletzung von Rechten. Newton Garver (1968), der als erster einen rechtebasierten Ansatz zur Definition von Gewalt (*violence*) vertreten hat, formuliert dies folgendermaßen:

> „The idea of violence in human affairs is much more closely connected with the idea of *violation* than it is with the idea of force. What is fundamental about violence in human affairs is *that a person is violated*" (Garver 1968, S. 257).

Ein derartiger rechtebasierter Ansatz ist nicht ohne Probleme und nicht voraussetzungslos. Es ist zunächst unklar, welche Rechte warum relevant sind und wie sie begründet werden. Im zitierten Beitrag nimmt Garver die beiden Rechte „right to one's body" und „right to autonomy" als die relevanten Rechte zur Definition von Gewalt an und erfasst damit vor allem solche Beispiele, die auch von engen Gewaltbegriffe als paradigmatisch angesehen würden. Freilich kommt er im Kontrast zu den engen Ansätzen in der Beschreibung gewaltsamer Handlungen völlig ohne Bezug auf die eingesetzten Mittel aus. Dass Personen gewisse grundlegende (Menschen-)Rechte besitzen, wird naturrechtlich begründet. Rechtebasierte Ansätze haben aber auch Vorteile: Es gelingt mit ihnen, einige strittige Fälle auszuräumen, ohne paradigmatische Fälle aus dem Blick zu verlieren; sie liefern uns eine Erklärung, warum wir intuitiv Gewalt gegen Menschen für verwerflicher halten als Gewalt gegen Dinge; und sie geben uns einen ersten Maßstab für die moralische Bewertung verschiedener Formen von Gewalt an die Hand.

3.4 Definitionsvorschlag

In einer früheren Arbeit habe ich selbst einen (zu den weiten Ansätzen zu rechnenden) Vorschlag zur Definition von Gewalt gemacht, in dem die zentralen Kriterien der verschiedenen Zugänge eingeflossen sind. Ich habe dort von „interpersonaler Gewalt" gesprochen und damit Gewalthandlungen gemeint, die genau eine Person gegenüber genau einer anderen verübt. Der Vorschlag lautete:

> „[I]ntendierte *Gewalt* […] liegt genau dann vor, wenn eine Person A (i) mit Absicht (ii) grundlegende Rechte einer anderen Person B verletzt, und zwar (iii) entgegen B's Wünschen/Interessen. Dies kann geschehen (iv-a) durch den bewussten Einsatz physischer Kraftentfaltung oder (iv-b) anderer geeigneter Mittel im Sinne einer *vis absoluta* und (v-a) zur Erreichung eines mittels dieser Handlung angestrebten Zieles zum Vorteil von A (instrumentelle Gewalt) oder (v-b) um des Verletzens selbst willen (autotelische Gewalt)" (Meßelken 2012, S. 179).[2]

Diese Definition greift die zentralen Kriterien der oben vorgestellten verschiedenen Ansätze zur Definition von Gewalt auf und versucht damit, eine Zwischenposition zwischen engen und weiten Ansätzen einzunehmen. Sie ist eng, insofern sie der Schädigungsintention (i) eine wichtige Rolle zuweist. Sie ist zugleich weit, da sie die Verletzung von Rechten (ii) als Bedingung mit aufnimmt und den

---

2 In der zitierten Arbeit werden weiterhin „zurechenbare Gewalt" (ähnlich struktureller Gewalt) und „Nötigung" (angedrohte Gewalt) unterschieden (vgl. Meßelken 2012, S. 183, 186). „Autotelische Gewalt" ist ein von Jan Philipp Reemtsma übernommener Begriff. Sie „*zielt auf die Zerstörung der Integrität des Körpers*, sei diese Zerstörung letal oder nicht. Sie ist nicht die Verletzung oder Zerstörung eines Körpers, weil es sich im Vollzug einer anderen Form der Gewalt ‚so ergibt'" (Reemtsma 2008, S. 116).

Einsatz physischer Gewalt nicht als notwendig erachtet (iv). Und sie versucht, typische strittige Fälle wie medizinische Eingriffe aus dem Feld der Gewalt auszuschließen, indem sie Eingriffe im Sinne der Interessen des „Opfers" nicht als Gewalt wertet. Die Kriterien unter (i)-(iii) werden als notwendige angesehen, während die weiteren Punkte (iv) und (v) zur Differenzierung verschiedener Formen von Gewalt dienen können. Um zu verhindern, dass mit der Definition ein ausufernder Begriff von Gewalt vertreten wird, werden die relevanten Rechte im Punkt (ii) auf „grundlegende Rechte" beschränkt. Selbst wenn diese nicht weiter spezifiziert werden, ist doch klar, dass nicht auf beliebige (moralische) Rechte verwiesen werden kann: Nicht alle Rechte sind gleich (ge)wichtig und nicht jede Rechteverletzung aus moralischer Sicht gleich verwerflich. Das erlaubt auch eine Abstufung bzw. einen Vergleich verschiedener Formen von Gewalt, je nachdem, welche grundlegenden Rechte verletzt werden (vgl. Meßelken 2012, S. 189ff.).

Der Begriff der *vis absoluta*, auf den die Definition rekurriert, bezeichnet eine Form von Gewalt (*violence*), die dem Opfer die freie Willensbetätigung oder Willensbildung *absolut* unmöglich macht. Als Mittel kommen u. a. Einsperren, Betäuben, aber auch das Töten des Opfers in Frage. Entscheidend ist, dass dem Betroffenen *jede* Möglichkeit zum Handeln genommen wird, indem ein *physischer* Zwang ausgelöst wird.

Wie oben erwähnt, war mein Definitionsansatz bei seiner Formulierung explizit auf „interpersonale" Gewalt und damit auf Konflikte zwischen genau zwei Personen beschränkt. Der Rückgriff auf diesen Ansatz im Kontext von Kriegen und bewaffneten Konflikten kann daher hinterfragt werden. Eine Übertragung auf beziehungsweise die Verwendung des Definitionsansatzes für kollektive Täter- oder Opferschaft scheint mir zum einen aber möglich zu sein, wenn die Möglichkeit kollektiver Handlungen angenommen wird. Zum anderen lässt sich bei verschiedenen Konzepten, die gerade im

Zusammenhang mit Krieg und Konflikt in den vergangenen Jahren viel diskutiert worden sind, ein starker Bezug auf das Individuum feststellen, so dass eine ebenfalls eher auf Individuen bezogene Gewaltdefinition gar nicht unpassend erscheint wie etwa im Konzept der *Responsibility to Protect* (R2P) oder der *Human Security*. Bei beiden geht es um den Schutz beziehungsweise die Sicherheit von Individuen und beide Ansätze haben somit, verglichen etwa mit der traditionellen Lehre des gerechten Krieges, eine viel stärker individualisierte Perspektive. Als zentrale Aufgabe im Sinne der R2P fordert die Generalversammlung der Vereinten Nationen im *2005 World Summit Outcome* von allen Einzelstaaten „to protect its populations from genocide, war crimes, ethnic cleansing and crimes against humanity" (UN 2005, §138). Bei den genannten Tatbeständen geht es um den Schutz von Individuen vor schweren Menschenrechtsverletzungen. Im gleichen Dokument heißt es nur einige Paragraphen später bezüglich der Idee der *Human Security*: „We stress the right of people to live in freedom and dignity, free from poverty and despair" (UN 2005, §143). Schutzverantwortung und menschliche Sicherheit verbindet, dass sie das Individuum als Bezugspunkt haben, zugleich aber nicht ohne die gesellschaftliche (bis hin zur globalen) Perspektive auskommen. Von Schutz und Sicherheit kann sinnvoll nur innerhalb größerer Gruppen gesprochen werden. Auch Gewalt wird zwar konkret immer von Individuen gegen andere Individuen ausgeübt; dies geschieht aber meist in größeren Kontexten und wird auch in diesen legitimiert.

4 Fazit

Dieser kurze Überblick über verschiedene Gewaltbegriffe in der (analytischen) Philosophie hat gezeigt, dass der deutsche Begriff Gewalt mehrere Bedeutungsebenen hat, die unterschieden werden müssen. Hier kann es unter Umständen hilfreich sein, sich anderer Sprachen und deren stärker differenzierender Begriffe zu bedienen, um Missverständnisse zu vermeiden, auf welche Bedeutungsebene Bezug genommen wird.

Es ist zudem auch deutlich geworden, dass sehr unterschiedliche Verständnisse von Gewalt vertreten werden können. Eine ähnliche Eng- oder Weitfassung des Begriffsverständnisses lässt sich auch bei dem (Galtungschen) Gegenbegriff zu Gewalt beobachten: Frieden kann als negativer Frieden mit der Abwesenheit von Gewalt definiert werden oder als positiver Frieden, der im umfassenden Sinne auch die Verwirklichung von Gerechtigkeit beinhaltet, wie das auch in der Idee des gerechten Friedens der Fall ist. Die Vor- und Nachteile einer engen oder weiten Begriffsfassung liegen auf der Hand. Ein enger Begriff von Gewalt (oder Frieden) ist eher unstrittig und erlaubt eine klare Abgrenzung paradigmatischer Fälle; eine „inflationäre" Verwendung des Begriffs wird verhindert. Ein weiter Begriff wird häufiger Widerspruch hervorrufen und tendenziell die Grenzen des Begriffs verwischen. Hingegen erlaubt es ein solcher Ansatz, auch weniger paradigmatische Fälle als Gewalt zu erfassen und damit Gemeinsamkeiten und Differenzen unterschiedlicher Gewalthandlungen eher in den Blick zu nehmen. Weiten Ansätzen gelingt es etwa, indirekte Opfer von Gewalt (*violence*) als solche zu erfassen. Begriffe wie „indirekte Gewaltopfer" zeigen zudem, dass wir alltagssprachlich durchaus auch umfassendere Gewaltbegriffe verwenden. Unbestritten ist allerdings auch, dass die Skandalisierung etwa struktureller Gewalt über einen weiten Begriff von Gewalt meist über den intuitiv wirkenden engen Begriff funktioniert.

Die Frage, wo und ab wann ein Gewaltbegriff zu weit wird beziehungsweise andere Begriffe angemessener sind, muss hier offenbleiben. Enge und weite Gewaltbegriffe sollten aber nicht einfach gegeneinander ausgespielt werden: Sie haben beide ihre Berechtigung. Es sollte daher versucht werden, die einzelnen Perspektiven, die die verschiedenen Ansätze bieten, und die unterschiedlichen Aspekte, die sie jeweils betonen, für die Begriffsbestimmung und Diskussion zum Thema Gewalt fruchtbar zu machen.

Literatur

Bufacchi, Vittorio. 2005. Two concepts of violence. *Political Studies Review* 3 (2): 193-204.

Charlesworth, Max-J. 1981. The Concept of Violence. *Comprendre* 47-48: 31-36.

Coady, Cecil Anthony John. 1986. The Idea of Violence. *Journal of Applied Philosophy* 3 (1): 3-19.

Coady, Cecil Anthony John. 2017. Violence. In Routledge Encyclopedia of Philosophy, hrsg. von Edward Craig. https://www.rep.routledge.com/articles/thematic/violence/. Zugegriffen: 29. März 2017.

Cotta, Sergio. 1985. *Why Violence? A Philosophical Interpretation*. Gainesville: University Presses of Florida.

Faber, Karl-Georg, Karl-Heinz Ilting und Christian Meier. 1982. Macht, Gewalt. In *Geschichtliche Grundbegriffe. Historisches Lexikon zur politisch-sozialen Sprache in Deutschland*. Bd. 3, hrsg. von Otto Brunner, Werner Conze und Reinhart Koselleck, 817-935. Stuttgart: Ernst Klett Verlag.

Galtung, Johan. 1975. *Strukturelle Gewalt. Beiträge zur Friedens- und Konfliktforschung*. Reinbek bei Hamburg: Rowohlt Taschenbuch Verlag.

Garver, Newton. 1968. What Violence Is. *The Nation* 209 (24): 819-822.

Gert, Bernard. 1969. Justifying Violence. *The Journal of Philosophy* 66 (19): 616-628.

Grundy, Kenneth W. und Michael A. Weinstein. 1974. *The Ideologies of Violence.* Columbus, Ohio: Merrill.

Harris, John. 1980. *Violence and Responsibility*. London: Routledge.

Hirsch, Alfred. 2013. Philosophie. In *Gewalt. Ein interdisziplinäres Handbuch*, hrsg. von Christian Gudehus und Michaela Christ, 347-354. Stuttgart: J. B. Metzler.

Hobbes, Thomas. 1651. Leviathan. http://www.gutenberg.org/files/3207/3207-h/3207-h.htm. Zugegriffen: 28. März 2017.

Imbusch, Peter. 2002. Der Gewaltbegriff. In *Internationales Handbuch der Gewaltforschung*, hrsg. von Wilhelm Heitmeyer und John Hagan, 26-57. Wiesbaden: Westdeutscher Verlag.

Imbusch, Peter. 2005. *Moderne und Gewalt: Zivilisationstheoretische Perspektiven auf das 20. Jahrhundert*. Wiesbaden: VS Verlag für Sozialwissenschaften.

Koloma Beck, Teresa und Klaus Schlichte. 2014. *Theorien der Gewalt zur Einführung*. Hamburg: Junius.

Lawrence, John. 1970. Violence. *Social Theory and Practice* 1 (2): 31-49.

Meßelken, Daniel. 2012. *Gerechte Gewalt? Zum Begriff interpersonaler Gewalt und ihrer moralischen Bewertung*. Paderborn: mentis.

Neidhardt, Friedhelm. 1986. Gewalt. Soziale Bedeutungen und sozialwissenschaftliche Bestimmungen des Begriffs. In *Was ist Gewalt*, hrsg. von Volker Krey und Friedhelm Neidhardt, 109-147. Wiesbaden: Bundeskriminalamt.

Nunner-Winkler, Gertrud. 2004. Überlegungen zum Gewaltbegriff. In *Gewalt. Entwicklungen, Strukturen, Analyseprobleme*, hrsg. von Wilhelm Heitmeyer und Hans-Georg Soeffner, 21-61. Frankfurt a. M.: Suhrkamp.

Oxford English Dictionary (OED). 1989. Violence. http://www.oed.com/oed2/00277885. Zugegriffen: 5. April 2017.

Oxford English Dictionary (OED). 2017. Violence. http://www.oed.com/view/Entry/223638. Zugegriffen: 5. April 2017.

Popitz, Heinrich. 1992. *Phänomene der Macht*. Tübingen: Mohr.

Ranly, Ernest W. 1972. Defining Violence. *Thought* 47 (3): 415-427.

Reemtsma, Jan Philipp. 2008. *Vertrauen und Gewalt*. Hamburg: Hamburger Edition.

UN, General Assembly. 2005. 2005 World Summit Outcome. A/RES/60/1. http://www.un.org/womenwatch/ods/A-RES-60-1-E.pdf. Zugegriffen: 25. März 2017.

Wolff, Robert Paul. 1969. On Violence. *The Journal of Philosophy* 66 (19): 601-616.

World Health Organization (WHO). 2012. *World Report on Violence and Health*. Genf: WHO.

Liebe und Gewalt
Hermeneutische Erwägungen zur Rekonstruktion eines theologischen Gewaltdiskurses

Torsten Meireis

1 Einleitung: Liebe und Gewalt?

> „Das höchste Gebot ist das: ‚Höre, Israel, der Herr unser Gott, ist
> der Herr allein und du sollst den Herrn, deinen Gott, lieben von
> ganzem Herzen, von ganzer Seele, von ganzem Gemüt und von
> allen deinen Kräften‘. Das andre ist dies: ‚Du sollst deinen Nächsten
> lieben wie dich selbst.‘ Es ist kein anderes Gebot größer als diese"
> (Mk 12,29-31 par).

Gewalt ist nicht das Zentralthema der christlichen Überlieferung
– genauso wenig wie sie das zentrale Thema des Glaubens Israels
darstellt, in dem Judentum und Christentum wurzeln. Am Beginn
der Welt steht nach dem Zeugnis der Schrift in der vorliegenden
Redaktionsgestalt der Bericht von der Schöpfung Gottes, in der
alles sehr gut ist, in der die Tiere Gefährten des Menschen sind
und die Gewalt gegenüber den Mitmenschen fern. An ihrem Ende
steht das Bild der Stadt mit den offenen Toren, in der Gott selbst
Gewalt und Leid überwindet: „Und Gott wird abwischen alle Tränen
von ihren Augen, und der Tod wird nicht mehr sein, noch Leid
noch Geschrei noch Schmerz wird mehr sein; denn das Erste ist

vergangen" (Offb 21,4). Und in ihrer Mitte steht – jedenfalls nach
christlichem Verständnis – die Offenbarung in Jesus Christus, der
die Liebe, auch noch die zum Feind, zum Leitprinzip menschlichen
Handelns erklärt, weil er sie als Leitprinzip göttlichen Handelns
verkörpert und selbst auf die Gewalt verzichtet: um den Preis des
eigenen Lebens.

Daher ist eine *isolierte* Betrachtung der Gewalt in theologischer
Perspektive nicht sinnvoll, gäbe sie doch dem Trugschluss Nahrung,
der Gewalt käme eine selbständige Realität zu, die dem Wirken
Gottes entzogen sei. Gewalt kommt theologisch als in Gottes
Handeln überwundene Größe und deshalb im menschlichen Tun
zu überwindende Handlungsoption in den Blick. Insofern wäre
auch der Versuch, einen isolierten theologischen Gewaltdiskurs
zu rekonstruieren, problematisch. Aus diesem Grund hat auch die
Friedensethik aufgrund historischer Lernprozesse vom Paradigma
des gerechten Krieges auf das des gerechten Friedens umgestellt,
obwohl auch hier die im Kontext der *bellum iustum*-Tradition
zentralen Kriterien bedeutsam sind. Der Unterschied liegt nicht
darin, dass die Realität kriegerischer Gewalt geleugnet würde,
sondern darin, dass ihre isolierte Betrachtung durchbrochen wird.
Denn das Paradigma des gerechten Krieges geht immer schon von
der Unausweichlichkeit der gewaltsamen Realität des Krieges aus,
vom Paradigma des gerechten Friedens aus sucht man unter der
Voraussetzung einer prinzipiellen Vermeidbarkeit des Krieges
zunächst nach friedlichen Konfliktlösungsmitteln. Die Realität
kriegerischer Gewalt wird nicht geleugnet, aber eine isolierte
Darstellung, die die Gewalt so in den Fokus der Aufmerksamkeit
rückt, dass noch ihre Ablehnung zur durch die Gewalt bestimmte
Negation gerät, wird vermieden.

Gewalt kommt, von Gottes Liebe aus gesehen, als Fehlform
der Konfliktbearbeitung in den Blick. Gleichwohl *muss* sie in den
Blick kommen, denn Gewalt gehört unstrittig in das Repertoire

menschlichen Verhaltens, das in theologischer Perspektive als Sünde bezeichnet wird, die gerade durch den Glauben an die Geschiedenheit von Gott und die durch diese Isolation nahegelegten Handlungsweisen einer Usurpation der Position Gottes definiert ist, die in Hybris, Trägheit und Lüge endet. Insofern kommt sie nicht isoliert in den Blick, sondern eingebunden in die Geschichte Gottes mit den Menschen – die freilich keineswegs immer eine Divina Commedia, eine göttliche Komödie, darstellt. Gerade also um der Liebe willen ist ein nicht isolierter, aber unverstellter Blick auf die Gewalt wichtig.

2   Zur Definition der Gewalt

Weil Gewalt zu den menschlichen Handlungsoptionen gehört, kann es nicht verwundern, dass Gewalt auch in den biblischen Schriften eine unverkennbare Spur hinterlassen hat. Wenn hier von Gewalt gesprochen wird, wird diese im Sinne einer „zwingenden physischen Verletzung des Willens und der Integrität und damit der Freiheit eines Menschen" (Lienemann 2004, S. 12)[1] und sekundär auch der Tiere verstanden. Um der Klarheit willen wird also erstens auf die Bedeutung *violentia/vis* (Gewalt) abgehoben, die Verwendung im Sinne von *potestas,* verstanden als Verfügungsmacht, aber an dieser Stelle einstweilen abgeblendet, auch wenn die Verbindung von Gewalt und Macht, *violentia* und *potestas*, ohne Zweifel weitere Untersuchung verdient (vgl. Meireis 2012a, S. 1ff.). Zweitens werden physische Gewaltandrohungen und Gewalthandlungen

---

1 Gewalt wird damit relativ eng als *violentia* bzw. *vis* definiert; zur Geschichte der Gewaltsemantik vgl. auch Lienemann (1982), zum Verhältnis von Religion und politischer Gewalt allgemein vgl. Schweitzer (2006), zum Stand der gegenwärtigen soziologischen Gewaltforschung vgl. Heitmeyer und Soeffner (2004).

von anderen Formen, Menschen Schaden zuzufügen, unterschieden. Verhaltensweisen, die andere Menschen durch den Entzug
von grundlegender Anerkennung oder durch entwürdigende
Adressierung demütigen, werden hier als *Missachtung* bezeichnet.
Handlungen, die ihre Adressaten durch strukturelle ökonomische
Mechanismen – etwa die Entziehung von Ressourcen – planmäßig
ausbeuten oder ihrer sozialen Gestaltungsfähigkeit berauben,
werden hier als *ökonomische Unterdrückung* charakterisiert. Ver-
fahren, die anderen durch politisch-rechtliche Maßnahmen – etwa
die Exklusion von politischen Entscheidungen – den Genuss
und Gebrauch ihrer Rechte vorenthalten oder ihre politischen
Mitwirkungsmöglichkeiten nehmen, werden hier als *Entrechtung* verstanden. Missachtung, ökonomische Unterdrückung und
Entrechtung werden also von physischer Gewalt unterschieden,
auch wenn sie in der Regel mit ihr einhergehen und oft ihrerseits
Gewalt auslösen.[2] Die Pointe dieser Unterscheidung besteht darin,
dass Missachtung, ökonomische Unterdrückung und Entrechtung
Unrecht, oft sogar strukturelles Unrecht, darstellen, aber nicht
unmittelbar den Einsatz von physischer Gewalt rechtfertigen, wie
es die Charakterisierung solcher Unrechtstypen als *strukturelle
Gewalt* nahelegt (Galtung 1975).

3   Gewalt und Gewaltbegrenzung
in biblischen Schriften

Wie bereits betont, steht Gewalt – anders als in den Kosmogonien
der religionsgeschichtlichen Umwelt – in biblischer Perspektive
nicht am Ursprung der Welt: Vielmehr gilt diese als gute Schöpfung,

---

2   Vgl. hierzu im Kontext politischer Theoriebildung Fanon (1961), im
    Zusammenhang von Devianzforschung Sutterlüty (2002).

in der auch die Tötung zur Nahrungsgewährleistung ausgeschlossen ist (Gen 1,29-30; 2,9.16.18). Erst in den mythischen Anfang des Lebens *außerhalb* des unmittelbaren Schutzraums Gottes fällt der Totschlag Abels durch Kain (Gen 4,1-16). Die Omnipräsenz der Gewalt wird als Grund des göttlichen Zornes benannt, der zur Sintflut führt (Gen 6,13), und der Noahbund, in dem sich Gott einseitig zum Verzicht auf die Vernichtung der Lebewesen und die Erhaltung lebensspendender Ordnung verpflichtet, enthält als Zugeständnis menschlicher Gewalttat die Erlaubnis zur Tötung und zum Verzehr der Tiere (Gen 8,21-9,17). Gott wird dabei in der Auffassung Israels ganz offensichtlich als veränderlich und lernfähig konzeptualisiert, die eigene Gewalttat reut ihn. Doch auch die Figur des „guten Gewalttäters" (Meireis 2012b, S. 177ff.) findet sich – etwa im legendarischen Gut – nicht eben selten: Moses, der den ägyptischen Aufseher erschlägt (Ex 2,12), der mit übermenschlichen Kräften ausgestattete Simson, der die Philister mit einer Eselskinnbacke zu Tausenden dahinrafft (Ri 15,15), oder der listige David, der den riesigen Goliath mit der Schleuder tötet (1.Sam 17).

Die Geschichte Israels, wie sie in der Schrift erzählt wird, ist voller Gewalttaten: Von den religiös motivierten Kriegszügen der Landnahmeerzählungen (v. a. das Buch Josua, vgl. auch Ri 3,12-30), über Menschenopfer (Ri 11,30-40), Stammeskriege (Ri 12,1-7; 19-20), die politische und sexualisierte Gewalt im Zusammenhang von Machtkämpfen (z. B. 2.Sam 3,6-39; 2.Sam 13; 2.Sam 15-18 u. ö.) oder die Gewaltanwendung im Zusammenhang königlichen Machtmissbrauchs (2.Sam 11-12; 1.Kön 21).

Aber auch in den Schriften des Neuen Testaments ist Gewalt keineswegs fern. Da ist selbstverständlich die Folterung und Hinrichtung Jesu von Nazareth durch die römische Besatzungsmacht (Mk 14-16 par) gleichsam von Staats wegen, da sind die Schläge und Verfolgungen, die Paulus ertragen muss (2.Kor 11,23-25 u. ö.), aber da gibt es auch eine Reihe äußerst gewaltsamer Vorstellungen im Hinblick auf die aktualistische Annahme oder Erwartung des göttlichen Gerichts, die sich in den Evangelien (z. B. Mk 11,15-16, Mk 13) und der Apostelgeschichte (Acta 5,1-11), besonders prominent aber in den Visionen der Offenbarung des Johannes finden (Apk 8-9, 15-16 u. ö.). Zudem wird die prinzipielle Legitimität der physischen Gewaltausübung durch menschliche Herrscher nur selten bestritten (1.Sam 8,11-17; Mk 10,43-45 par), meist aber bestätigt, wie es paradigmatisch in Paulus' Ausführungen zur Obrigkeit geschieht (Röm 13,1-7). Gleichwohl findet sich schon im Ersten, „Alten" Testament eine Tendenz zur Gewaltbegrenzung und -einhegung, die die legitime Gewaltausübung einerseits aus dem Bereich menschlichen Handelns in das Handeln Gottes verlegt (Dtn 32,35), andererseits menschliche Gewaltausübungspraxen auch konkret zu mindern bemüht ist, wie es das Beispiel des *ius talionis* (Ex 21,24 par) zeigt: Die Bestimmungen stellen jeweils Obergrenzen der Vergeltungsforderung (Auge um Auge, Zahn um Zahn), nicht aber Mindestansprüche dar. Ein kurzer Blick auf das den Nachkommen des Kain zugeschriebene, offensichtlich sehr alte Lamechlied, ein Prahlgedicht, das exzessive Rache zelebriert, zeigt die Vorstellungen auf, gegenüber denen hier – wie in der Rechtspraxis Israels generell – die Gewalt begrenzt wird.[3] Sie reicht bis in die Spitzensätze der Bergpredigt hinein, in der das Liebesgebot auch auf den Feind ausgedehnt (Mt 5,44) und noch die Gewaltausübung zur Selbstverteidigung perhorresziert wird (Mt 5,38-41). Jesu Vergebungsbitte am Kreuz (Lk 23,34) bietet dann den Anknüpfungspunkt für die Vorstellung einer schrankenlosen, den Gewaltverzicht implizierenden Liebe Gottes, sein Tod wird als Opfer interpretiert, das alle anderen Opfer – und zwar in jedem

---

3   Vgl. zur gewaltreduzierenden Wirkung der alttestamentlichen Rechtspraxis Gertz (2006).

Sinne des Wortes – überbietet und überflüssig macht (vgl. auch Reuter 1996).

4 Hermeneutische Relevanz

Die Hermeneutik hat sich als zunehmende Einsicht in die Vermitteltheit von Verständniszusammenhängen und damit als Verlust angenommener Unmittelbarkeit herausgebildet, sie besteht darin, die vermutete Selbstverständlichkeit des Verstehens zu hinterfragen. Wenn es um die gegenwartsbezogene Relevanz der in der Schrift dargestellten Gewalt und ihre Beurteilung geht, scheint es im Rekurs auf diese Entwicklung der Hermeneutik sinnvoll, von mindestens vier Ebenen auszugehen, die für das Verständnis wichtig sind: die Ebene des Textes, der Zusammenhang seiner Entstehung, die Art, wie er von Rezipienten wahrgenommen wird und die religiöse Annahme, dass es sich um göttliche Offenbarung handelt. Diese Ebenen sind zwar nicht trennbar, aber nach der jeweiligen wissenschaftlichen Leitperspektive ihrer Untersuchung – der literaturwissenschaftlichen, der historischen, der soziologischen und der theologischen – zu unterscheiden. Im Anschluss an hermeneutische Leitperspektiven und Ebenen werden dann unterschiedliche materiale Bedeutungselemente thematisiert.

4.1 Hermeneutische Leitperspektiven

Unter einer *literaturwissenschaftlich-kritischen Leitperspektive* werden der syntaktisch-strukturelle Textzusammenhang, der semantische Bestand und – sofern möglich – die Textpragmatik fokussiert. Sie stellt die entscheidende Grundlage der historisch-kritischen wie der rezeptionsästhetischen Analysen dar. Unter einer *historisch-kritischen Leitperspektive* kommt der Entstehungszusammenhang der Texte und Textsammlungen in ihren unterschiedlichen Redaktionsphasen in Blick. Unter einer *soziologisch-kritischen* Leitperspektiven wird der Rezeptionszusammenhang beobachtet und unter einer *theologisch-kritischen* die – wie auch immer gegebene oder unterstellte – Verweisqualität auf eine transzendente Ebene reflektiert. Dabei gibt diese Ebene in theologischer Sicht auch den Grund der Thematisierung der drei anderen Ebenen ab. Untrennbar sind die Ebenen, weil etwa auch die historische Perspektive nicht von bestimmten, unter anderem soziologisch benennbaren Wahrnehmungspräferenzen und theologisch benennbaren religiösen beziehungsweise weltanschaulichen Grundannahmen abstrahieren kann. So wird etwa der Rezeptionszusammenhang von der strukturellen Eigenart der Texte, etwa Leerstellen, logischen Unbestimmtheiten, determiniert. Die sozialen Kontexte der Rezeption sind kulturell durch historisch gewachsene – auch religiöse – Traditionskomplexe mitbestimmt. Und innerhalb der vorliegenden Texte spielen historische und soziale Kontexte wie religiös-weltanschauliche Auffassungen eine zentrale Rolle. So wird etwa in der Geschichte von Jakobs Kampf am Jabbok (Gen 32,22-32) nicht erläutert, wer der Mann ist, der mit Jakob ringt, ohne ihn besiegen zu können, was zu kulturkontextuell sehr unterschiedlichen Deutungen geführt hat (vgl. Utzschneider 1988). Im Kontext der Geschichte wird als Ausdruck von Besitz und Erfolg ganz selbstverständlich die Menge des Viehbesitzes angenommen, Polygamie als Beziehungsform vorausgesetzt.

4.2   Hermeneutische Ebenen[4]

Hier ist zunächst die Ebene des *Textzusammenhangs* zu nennen. Die philologischen und literaturwissenschaftlichen Untersuchungen auf formale Textkohäsion und inhaltliche Textkohärenz, zu Semantiken, Textpragmatiken und Strukturmustern wie etwa Textgattungen bilden ein zentrales Moment im hermeneutischen Prozess. Sie erlauben die Freilegung unterschiedlicher Bearbeitungsschichten der Texte und umfassen dasjenige, was Schleiermacher als grammatische, sprachbezogene und psychologische, argumentationsbezogene Interpretation im Kontext des hermeneutischen Zirkels versteht (Schleiermacher 1977 [1829], S. 324). Darüber hinaus machen sie aber auf die Notwendigkeit des Einbezugs historischer Einsichten und sozialer Rezeptionsbedingungen aufmerksam, sofern etwa die Textstruktur selbst die aktive Autorschaft der Lesenden erzwingt (Warning 1975).

Eine zweite Ebene bildet der *Entstehungszusammenhang*: Die historisch-kritische Auslegung zielt auf die Verortung und das Verständnis der Texte im historischen Kontext. Sie schließt dann die kultur- und religionshistorische Frage nach vorausgesetzten Weltbildern (Bultmann 1964) und die sozialhistorische Frage nach konkreten sozialen Bedingungen im Hintergrund der Textwelten (etwa: das *imperium romanum*)[5] ein und bringt unter anderem die historische Fremdheit der Texte zur Geltung, die etwa veränderte Selbstentwürfe der Rezipienten ermöglichen können (Ricoeur 1974, S. 33).

---

4   Die Ebeneneinteilung wird in loser Anlehnung an Punt (2015, S. 24) und Segovia (2006) vorgenommen, vgl. aber auch Luther und Zimmermann (2014, S. 62).

5   Vgl. zu diesen Zusammenhängen u. a. Schottroff (2005, S. 109ff.), Theißen (2004), Horsley (2008), Wengst (1986) und Punt (2015).

Eine dritte Dimension bildet der *Rezeptionszusammenhang*. Die moderne Lesende und ihre durch Traditionen[6] und Technologien (Bultmann 1964, S. 18) geformten kulturellen, durch Machtkonstellationen und Wirkungsgeschichten bestimmten sozialen Verständnisbedingungen (Punt 2015, S. 228ff.) stehen im Zentrum der Rezeptionshermeneutik. Diese thematisiert nicht zuletzt die kontextbezoge differente Lektüreerfahrung in den historisch, geografisch und sozial unterschiedlich geprägten und in Bezug auf Macht und Wohlstand asymmetrischen Kontexten.

Schließlich ist aus theologischer Perspektive der *Offenbarungszusammenhang* zentral. Unter der Voraussetzung einer zunehmenden Einsicht in die Unverfügbarkeit des Glaubens und der glaubensbezogenen Einsichten hat die Kritik der auslegenden Vernunft mehr und mehr Gewicht erhalten, wobei die Vernunft sowohl als Subjekt wie als Objekt der Kritik auftritt, allerdings mit der Möglichkeit geistbezogener Glaubenseinsicht immer wieder gerechnet werden muss (vgl. auch Körtner 1994), auch wenn diese aus Sicht der Vernunft zunächst nur als blinder Fleck der Vernunftbeobachtung selbst thematisiert werden kann.[7] Eine konkrete Konsequenz dieser Einsicht besteht in der steten Revisionsoffenheit der Auslegung, weil die Einsicht in die Begrenztheit der Glaubenden als Menschen und Christinnen eine prinzipielle Offenheit für (argumentativ begründete) Einreden erzwingt und das Aushalten einer Auslegungspluralität erfordert.

---

6   Vgl. hierzu etwa Gadamer (1976, S. 331), der ausdrücklich vom beherrschenden Anspruch des Textes spricht.

7   Für eine Nachzeichnung vgl. Lauster (2004, S. 275), der – bei aller Kritik an jeder Unmittelbarkeitshermeneutik – eine letzte Unverfügbarkeit des Verstehens immerhin zugesteht.

4.3   Hermeneutische Bedeutungselemente: Biblische Gewaltdarstellungen und -diskurse

Auf der *literarischen Ebene* werden etwa Narrative, Bildmotive oder literarische Figuren der imaginierten Gewalt bedeutsam, die auch als Mimesis erlittener Unterdrückungsgewalt verstanden werden können, wie es etwa in der Offenbarung des Johannes der Fall ist (Mayordomo 2013): Die Verfolgten entwerfen eine fiktive Verfolgungsgeschichte, das als Gewalthort verstandene Rom wird gewaltsam durch ein als Über-Rom verstehbares himmlisches Jerusalem ersetzt. Freilich ist für die Menschen, deren Glaubensverständnis die Offenbarung ausdrückt, der Kontext unmittelbarer Verfolgung, der sie machtlos ausgesetzt sind, prägend. Über solche literarischen Gestalten lassen sich nicht zuletzt Einsichten über die Geschichte der Hybridität der Gewalt und der Ambivalenz religiöser Sprache gewinnen. Dass Gott in der Apokalypse Gewalt zugeschrieben wird, entspringt – so lässt sich annehmen – verschiedenen Quellen: zunächst der unmittelbar erlittenen Gewalterfahrung der Autoren der in den Texten verschriftlichten Vorstellungen, den Erinnerungen an die Tradition, bei der Gott als machtvoller Beistand in der Not angerufen wird, aber eben auch der unter Umständen mit Angstlust besetzten Ausschmückung des Schicksals, das die Unterdrücker zu gewärtigen haben. Religiöse Sprache, die den Opfern von Gewalt – etwa in der Gerichtsvorstellung – Hoffnung auf eine gottgeschenkte Überwindung ihrer fortgesetzten Peinigung schenken mag, kann freilich auch ambivalente Folgen zeitigen. So ist die Passionsgeschichte in Verbindung mit der sakramentalen Deutung des Abendmahls als Zuwendung des Blutes Jesu im Mittelalter in einen hartnäckigen Ritualmordvorwurf gegen die jüdischen Gemeinden umgemünzt worden, der auch durch das Eingreifen Friedrichs II. und die Einsetzung einer Untersuchungskommission, die die Absurdität des

Vorwurfs konstatierte, nicht aus der Welt zu schaffen war. Auch die Legende vom Kindermord des Herodes, in der sich neben der theologischen Parallelisierung mit dem widergöttlichen Verhalten des Pharao auch Verfolgungserfahrungen spiegeln mögen, wurde im Zuge der Geschichte als extreme antijudaistische Propaganda – und damit selbst als Auslöser verfolgender und verbrecherischer Gewalt – missbraucht (Lotter 1998; Gottheil 1906).

Auf der *historischen Ebene* geht es nicht nur um die Geschichte der Geschichten der Gewalt, sondern auch um die Historie der faktischen Gewalt, zu der die religiös legitimierte Gewalt zählt. Auch hier finden sich in den Schriften der Bibel Spuren, die in die christliche Gewaltgeschichte hinein Wirkung entfaltet haben. So lässt sich an die Geschichte der Kreuzzüge denken, in der etwa Motive des Deuteronomiums eine verhängnisvolle Wirkung zukam (Berner 2004).

Weiterhin sind die Bedingungen der *gegenwärtigen sozialen Wirkung* der unterschiedlichen Motive – vom Motiv religiöser Gewaltförderung bis hin zum Motiv der Verheißung verschwindender Gewalt – im Kontext gegenwärtiger Gewalterfahrung bedeutsam: Beispiele christlich-religiös instrumentierter Gewaltförderung finden sich in Kontexten von Staaten- und Bürgerkriegen vom Ersten Weltkrieg bis zum jugoslawischen Bürgerkrieg oder den Ressourcenkriegen in Sub-Sahara Afrika (man denke an Joseph Konys *Lord's Resistance Army*). Als Beispiele religiös bebilderter Gewaltfreiheitsengagements sind etwa die europäische Friedensbewegung oder die Wahrheits- und Versöhnungskommissionen Südafrikas zu nennen. Eine mögliche Frage ist dabei, welche Verstehens- und Auslegungsbedingungen der Wirkung gewalthemmender biblischer Motive und welche derjenigen gewaltfördernder Motive dienlich sind (vgl. Brocker und Hildebrandt 2008).

Im Kontext der hier vertretenen *theologischen Deutung* ergibt sich die Verheißung verschwindender und überwundener Gewalt:

Aus der Vorstellung Jesu Christi als des gewaltlosen Herrschers, der eher den eigenen Tod in Kauf nimmt als die gewaltsame Durchsetzung seiner Interessen sowie seiner moralischen, religiösen oder politischen Prinzipien zu verfolgen, hat sich eine Wirkungs- und Diskursgeschichte entfaltet, die die Menschwerdung Gottes selbst als göttlichen Gewaltverzicht deutet (vgl. Barth 1948, S. 4ff; 1953, S. 271). In ihrem Licht ergibt sich die „utopische Erinnerung" (Ebach 1986) des paradiesischen Urzustands als Ort der Gewaltferne, lassen sich die Selbstbegrenzung Gottes im Noahbund, der göttliche Verzicht auf Menschenopfer (Gen 22,12), die Utopie einer messianischen Friedensherrschaft (Jes 11,1-9; Mi 4,3), aber auch konkrete politische (Sach 4,6) und personale (Mt 5,38-45) Gewaltverzichtsimperative als Elemente eines Narrativs von Gewalt deuten, die in Gott überwunden und zum Verschwinden bestimmt ist. Gerade angesichts der Tatsache aber, dass diese Deutung selbst weder in der Geschichte noch in der Gegenwart die einzige vertretene oder gar die einzig mögliche war und ist, ergibt sich ein Einschärfen der Problematik der Gewalt, auch und gerade der religiös legitimierten Gewalt als Möglichkeit des Menschen, die theologisch selbst wieder als Sündenfolge konzeptualisiert werden kann und dabei individuelle, politische und ökonomisch motivierte Gewalt, aber auch Missachtung, ökonomische Unterdrückung und Entrechtung als ihre Ursache einschließt.

5   Situierung der hermeneutischen Analyse in partikularen Deutungskontexten

In der hier vertretenen Perspektive gehört zur theologischen Deutung und Hermeneutik der Gewalt die Notwendigkeit steter christlicher Selbstkritik zwingend hinzu. Diese Perspektive schließt das Bewusstsein der Situierung in einer der Gesellschaften des globalen Nordwestens, die Wahrnehmung der Ambivalenz des Glaubens und der Prägekraft von Gewaltverhältnissen wie von Missachtung, Unterdrückung und Entrechtung sowie Aufmerksamkeit für Gewaltverhältnisse überhaupt genauso ein wie die Bemühung um ihre Einhegung und womöglich Überwindung. Dabei gilt, dass solche Selbstkritik die partikulare Verortung in historischen und sozialen Kontexten nicht aufhebt, sondern reflektiert. Zudem findet sich auch die hermeneutische Kritik im Kontext bestimmter Deutungsgeschichten und Deutungsakte vor, die so zwar in ihrer Kontingenz reflektiert, aber damit eben nicht außer Kraft gesetzt werden: Das bereits eingangs erwähnte Deutungsnarrativ der Gewaltüberwindung in und durch Gottes Versöhnung in Christus prägt auch die hier vertretene hermeneutische Perspektive.

Es setzt Konzepte wie die des gerechten Friedens frei, die – im Gegensatz etwa zur normativen Perspektive des *bellum iustum* – Konflikte und Problemlagen nicht zunächst unter dem Aspekt einer Unausweichlichkeit von Gewalt und Krieg, sondern in der Suche nach friedenswahrenden Lösungen thematisieren. Der nie ohne Schuldverstrickung mögliche und an die Kriterien einer durch das Konzept der Menschenwürde bestimmten Rechtsidee gebundene Rekurs auf die rechtswahrende Gewalt gilt dann als ultima ratio – von einer Legitimation der Gewalt im strengen Sinn kann jedoch auch hier keine Rede sein, weil sie weder als geboten noch als ohne Schuldverstrickung anwendbar gelten darf.

Sofern Gewalt in der Bibel, in der Geschichte Israels, aber auch des Christentums eine Rolle gespielt hat und weiterhin spielt, muss sie auch thematisiert werden – theologisch freilich nie ohne die Einsicht in die Einbindung in Gottes auf den Frieden zielende Geschichte mit den Menschen, die Realität der Sünde und die Problematik einer isolierten Thematisierung. Die Rekonstruktion eines theologischen Gewaltdiskurses ist so nur im Modus theologischer Selbstkritik möglich.

Literatur

Barth, Karl. 1948. *Die Lehre von Gott. Kirchliche Dogmatik II,2.* Zollikon-Zürich: Evangelischer Verlag.

Barth, Karl. 1953. *Die Lehre von der Versöhnung. Kirchliche Dogmatik IV,1.* Zollikon-Zürich: Evangelischer Verlag.

Berner, Ulrich. 2004. Kreuzzug und Ketzerbekämpfung. Das Alte Testament in der theologischen Argumentation des Mittelalters und der Reformationszeit. In *Impuls oder Hindernis? Mit dem Alten Testament in multireligiöser Gesellschaft,* hrsg. von Joachim Kügler, 17-30. Münster: LIT.

Brocker, Manfred und Mathias Hildebrandt (Hrsg.). 2008. *Friedensstiftende Religionen? Religion und die Deeskalation politischer Konflikte.* Wiesbaden: VS Verlag für Sozialwissenschaften.

Bultmann, Rudolf. 1964. Neues Testament und Mythologie. Das Problem der Entmythologisierung der neutestamentlichen Verkündigung. In *Kerygma und Mythos I,* hrsg. von Hans-Werner Bartsch, 15-48. 4. Aufl. Hamburg: Reich & Heidrich.

Ebach, Jürgen. 1986. *Ursprung und Ziel. Erinnerte Zukunft und Erhoffte Vergangenheit. Biblische Exegesen, Reflexionen, Geschichten.* Neukirchen-Vluyn: Neukirchener Verlag.

Fanon, Frantz. 1981. *Die Verdammten dieser Erde.* 16. Aufl. Frankfurt a. M.: Suhrkamp.

Gadamer, Hans-Georg. 1975. Das hermeneutische Problem der Anwendung. In *Seminar: Philosophische Hermeneutik,* hrsg. von Hans-Georg Gadamer und Gottfried Boehm, 327-332. Frankfurt a. M.: Suhrkamp.

Galtung, Johan. 1975. *Strukturelle Gewalt. Beiträge zu Friedens- und Konfliktforschung.* Reinbek b. Hamburg: Rowohlt.

Gertz, Jan Christian. 2006. Regulierung von Gewalt in Gesellschaft und Politik im Alten Testament. In *Religion, Politik und Gewalt. Kongressband des XII. Kongresses für Theologie, 18.–22. September*

2005 in Berlin, hrsg. von Friedrich Schweitzer, 310-323. Gütersloh: Gütersloher Verlagshaus.

Gottheil, Richard. 1906. Art. Blood Accusation, Jewish Encyclopedia, http://www.jewishencyclopedia.com/articles/3408-blood-accusation#3489. Zugegriffen: 31. März 2017.

Heitmeyer, Wilhelm und Hans-Georg Soeffner (Hrsg.). 2004. *Gewalt*. Frankfurt a. M.: Suhrkamp.

Horsley, Richard A. (Hrsg.). 2008. *In the Shadow of Empire. Reclaiming the Bible as a History of Faithful Resistance*. London: Westminster John Knox Press.

Körtner, Ulrich H. J. 1994. *Der inspirierte Leser. Zentrale Aspekte biblischer Hermeneutik*. Göttingen: Vandenhoeck & Ruprecht.

Lauster, Jörg. 2004. *Prinzip und Methode. Die Transformation des protestantischen Schriftprinzips durch die historische Kritik von Schleiermacher bis zur Gegenwart*. Tübingen: Mohr Siebeck.

Lienemann, Wolfgang. 1982. *Gewalt und Gewaltverzicht, Studien zur abendländischen Vorgeschichte der gegenwärtigen Wahrnehmung von Gewalt*. München: Chr. Kaiser.

Lienemann, Wolfgang. 2004. Kritik der Gewalt, Unterscheidungen und Klärungen. In *Gewalt wahrnehmen – Gewalt heilen. Theologische und religionswissenschaftliche Perspektiven*, hrsg. von Walter Dietrich und Wolfgang Lienemann, 10-30. Stuttgart: Kohlhammer.

Lotter, Friedrich. 1998. Art. Ritualmord. In *Theologische Realenzyklopädie*. Bd. 29, hrsg. von Gerhard Müller, 253-259. Berlin: Walter de Gruyter.

Luther, Susanne und Ruben Zimmermann (Hrsg.). 2014. *Studienbuch Hermeneutik. Bibelauslegung durch die Jahrhunderte als Lernfeld der Textinterpretation. Portraits – Modelle – Quellentexte*. Gütersloh: Gütersloher Verlagshaus.

Mayordomo, Moisés. 2013. Gewalt in der Johannesoffenbarung als theologisches Problem. In *Die Offenbarung des Johannes. Kommunikation im Konflikt*, hrsg. von Thomas Schmeller, Martin Ebner und Rudolf Hoppe, 107-136. Freiburg i.Br.: Herder.

Meireis, Torsten. 2012a. Einleitung. In *Gewalt und Gewalten. Zur Ausübung, Legitimität und Ambivalenz rechtserhaltender Gewalt*, hrsg. von Torsten Meireis, 1-7. Tübingen: Mohr Siebeck.

Meireis, Torsten. 2012b. Die Realität der Gewalt und die Hoffnung auf Frieden. Perspektiven des christlichen Umgangs mit Gewalt. In *Gewalt und Gewalten. Zur Ausübung, Legitimität und Ambivalenz rechts-*

erhaltender Gewalt, hrsg. von Torsten Meireis, 177-202. Tübingen: Mohr Siebeck.

Punt, Jeremy. 2015. *Postcolonial Biblical Interpretation*. Reframing Paul. Boston: Brill.

Reuter, Hans-Richard. 1996. *Rechtsethik in theologischer Perspektive. Studien zur Grundlegung und Konkretion*. Gütersloh: Gütersloher Verlagshaus.

Ricoeur, Paul. 1974. Philosophische und Theologische Hermeneutik. In *Paul Ricoeur. Die Metapher*, hrsg. von Eberhard Jüngel, 24-45. München: Chr. Kaiser.

Schleiermacher, Friedrich Daniel Ernst. 1977 [1829]. Über den Begriff der Hermeneutik mit Bezug zu F. A. Wolfs Andeutungen und Asts Lehrbuch. In *Hermeneutik und Kritik. Mit einem Anhang sprachphilosophischer Texte Schleiermachers*, hrsg. von Manfred Frank, 309-346. Frankfurt a. M.: Suhrkamp.

Schottroff, Luise. 2005. *Die Gleichnisse Jesu*. Gütersloh: Gütersloher Verlagshaus.

Schweitzer, Friedrich (Hrsg.). 2006. *Religion, Politik und Gewalt. Kongressband des XII. Kongresses für Theologie, 18.–22. September 2005 in Berlin*. Gütersloh: Gütersloher Verlagshaus.

Segovia, Fernando. 2006. Biblical Criticism and Postcolonial Studies: Toward a Postcolonial Optic. In *The Postcolonial Biblical Reader*, hrsg. von Rasiah S. Sugirtharajah, 33-44. Oxford: Wiley-Blackwell.

Sutterlüty, Ferdinand. 2002. *Gewaltkarrieren. Jugendliche im Kreislauf von Gewalt und Missachtung*. Frankfurt a. M.: Campus.

Utzschneider, Helmut. 1988. Das hermeneutische Problem der Uneindeutigkeit biblischer Texte – dargestellt an Text und Rezeption der Erzählung von Jakob am Jabbok (Gen 32, 23-33). *Evangelische Theologie* 48 (3): 182-193.

Warning, Rainer (Hrsg.). 1975. *Rezeptionsästhetik. Theorie und Praxis*. München: UTB.

Wengst, Klaus. 1986. *Pax Romana. Anspruch und Wirklichkeit*. München: Kaiser.

Lutheraner, Reformierte und die Ethik rechtserhaltender Gewalt
Ein Vergleich in Thesen

Marco Hofheinz

1 Einleitung: Zur Fragestellung und Methodik

Lutheraner, Reformierte und die Ethik rechtserhaltender Gewalt – diese drei Bezugsgrößen deuten die doppelte Aufgabenstellung bzw. zweifache erkenntnisleitende Fragestellung der vorliegenden, in Thesenform dargebotenen Untersuchung an. Zum einen soll es um die Beurteilung und theologische Reflexion des Gebrauchs staatlicher und politischer Gewalt in der lutherischen und reformierten Konfession gehen; zum anderen um die Folgen, die sich daraus für die rechtserhaltende Gewalt im Sinne der Gewalt der internationalen Gemeinschaft zur Rechtsdurchsetzung ergeben.

Diese doppelte Aufgabenstellung stellt eine durchaus anspruchsvolle Versuchsanordnung dar. Ihr liegt die Konstellation einer Triangulation zugrunde: Die reformierte und die lutherische Tradition sollen auf ein gemeinsames Drittes hin untersucht werden, nämlich das Paradigma der rechtserhaltenden Gewalt.[1] Dabei kann es methodisch nur um eine Spurensuche gleichsam nach – wie auch immer gearteten – „Vorläufern" einer Ethik der rechtserhaltenden Gewalt in beiden Konfessionen gehen. Mit dem gemeinsamen Dritten wird zugleich ein konsens- statt differenz-hermeneutisches Vorgehen nahegelegt – wenn man so will, eine Komparatistik unter konsenshermeneutischer Vorgabe.

Bei der geschilderten Versuchsanordnung lauern eine Menge Fallstricke, derer man sich zumindest bewusst sein sollte:

a. Wenn man sich im Konfessionalisierungsparadigma bewegt, dann geht es zumeist um Identitätskonstruktion. Dabei lauert die Gefahr der Retrojektion, d. h. der Eintragung und Zuschreibung von Identitätsmerkmalen aus gegenwärtigem Interesse an Identitätskonstruktion. Zu bedenken ist fernerhin, dass die Konfessionskulturdebatten eigentlich erst gegen Ende des 17. Jahrhunderts aufkamen.

b. Sehr schnell ist man zumeist mit Idealtypiken bei der Hand, von denen man sich heuristische Kraft verspricht. Doch die Frage stellt sich: Werden diese tatsächlich den Phänomenen gerecht oder erweisen sie sich womöglich als Prokrustesbett für diese? Peter Opitz (2009, S. 9) gibt zu bedenken: „Weitreichende historische oder kulturgeschichtliche Thesen sind schnell einmal aufgestellt. Ihre Bewährung und Erhärtung kann nur in aufwendiger, präziser historischer Kleinarbeit erfolgen".

c. Schließlich stellt sich das Problem der Selektion: Welche Quellen wählt man aus und warum? Die nötige Quellenauswahl wird angesichts der geschilderten Versuchsanordnung sicherlich auf

---

1 Dieses Paradigma liefert einen gemeinsamen Bezugsrahmen für die beiden Traditionen bzw. Konfessionen. Insofern ist es vielleicht nicht ganz verfehlt, von einer „Logik der Tertiarität" zu sprechen, vgl. von Soosten (2012, S. 212).

dem Hintergrund dessen getroffen, was man als „lutherisch" und „reformiert" bestimmt. Doch wie verhält sich dieser Dual zu den vielfältigen innerprotestantischen Differenzierungen, d. h. zum innerprotestantischen Pluralismus? Verwiesen sei hier etwa auf den oberdeutschen Raum mit namhaften Theologen wie Martin Bucer und Wolfgang Capito, die sich einer eindeutigen Zuordnung entziehen. Was machen wir fernerhin mit einem Phänomen wie dem Puritanismus? Lässt es sich unter „Reformiertentum" subsumieren, das ja bereits für sich genommen verschiedene Traditionen wie zum Beispiel die Zürcher (Zwingli, Bullinger etc.) und Genfer Tradition (Calvin etc.) umfasst.

Ohne all die aufgeworfenen Fragen hier im Einzelnen beantworten zu können, sollen sie doch zumindest eingangs benannt werden und ein Bewusstsein für diese geschärft haben.

2   Was verbirgt sich hinter einer Ethik rechtserhaltender Gewalt?

These 1: Eine Ethik rechtserhaltender Gewalt geht nach der Interpretation durch Hans-Richard Reuter (2012, S. 13)

> „von einer intern ausdifferenzierten Theorie (il)legitimer Gewalt aus, die sowohl polizeiliche, militärische als auch revolutionäre Gewalt abdeckt. Der im Ausdruck ,rechtserhaltende Gewalt' in Anspruch genommene Begriff des Rechts bezieht sich dabei nicht auf ein faktisch gegebenes Rechtssystem, sondern normativ auf die in den basalen Menschenrechten und einer legitimen Völkerrechtsordnung konkretisierte Rechtsidee."

Insofern greift der beliebte Vorwurf eines Rechtspositivismus nicht, da dieser sich auf das positive Recht im Sinne des faktisch gegebenen Rechtssystems (*de lege lata*) und nicht die Rechtsidee (*de lege ferenda*) bezieht, welche sich indes zugleich in Gestalt der in Geltung stehenden Menschenrechte und des Völkerrechts konkretisiert.

These 2: Eine Ethik rechtserhaltender Gewalt partizipiert an der Kant'schen Idee „Frieden durch Recht". Dies ist der Leitgedanke einer Friedensethik als Rechtsethik bzw. Ethik rechtserhaltender Gewalt. Das Recht hat eine gesellschaftliche Steuerungsfunktion bzw. protektive Funktion. Durch Regeln des Rechts, die als soziale Interaktionsnormen fungieren, werden die Bedingungen für die friedvolle Koordination des Handelns Verschiedener (Völker, Nationen etc.) festgelegt: „Um Frieden zu stiften, bedarf es zuerst der Errichtung einer Rechtsordnung mit verallgemeinerungsfähigen Grundsätzen. Dazu gehört innerstaatlich das Gebot des Rechtsgehorsams, zwischenstaatlich das Verbot des Angriffskrieges" (Lienemann 1997, S. 51).

These 3: Dem Leitgedanken der Friedensethik als Rechtsethik bzw. Ethik rechtserhaltender Gewalt zufolge ist „eine globale Friedensordnung als Rechtsordnung" (Reuter 2008a, S. 164) in den Blick zu nehmen. Dieser Ansatz lenkt die Aufmerksamkeit im Rahmen des Völkerrechts auf die Rechtsinstitutionen als äußere Voraussetzungen eines „gerechten Friedens": „Die Aushöhlung des geltenden Völkerrechts etwa durch das interventionistische Handeln der NATO (wie im Kosovokrieg) oder durch den hegemonistischen Unilateralismus der USA (wie im Irakkrieg) wird folgerichtigerweise kritisiert" (Huber 2005, S. 126). Als globales ordnungspolitisches Modell wird dabei in Anlehnung an Immanuel Kants Schrift „Zum ewigen Frieden" (1983 [1795]) etwa in der aktuellen EKD-Friedensdenkschrift eine kooperativ verfasste Ordnung ohne Weltregierung anvisiert.

These 4: Im Zusammenhang der aktuellen EKD-Friedensdenkschrift wird der Lehre vom gerechten Krieg ebenso wie einem prinzipiellen Pazifismus zugunsten einer Ethik rechtserhaltender Gewalt, die auf die normativen Grundentscheidungen der UN-Charta bezogen ist, eine Absage erteilt. Dabei weist die Friedensdenkschrift nicht nur auf die vorrangige Option für gewaltfreie Konfliktregelung hin (vgl. Lienemann 2007, S. 96), sondern hält auch fest, dass das moderne Friedensvölkerrecht auf der Basis der UN-Charta das ältere Kriegsächtungsprogramm in ein allgemeines Gewaltverbot (Art. 2, Abs. 4) überführt hat. Krieg ist demnach illegal. Eine Ethik rechtserhaltender Gewalt betont: Es gibt keinen gerechten Krieg, sondern es darf nur noch den rechtmäßigen Gebrauch militärischer Gewalt geben.

These 5: Nach Reuter bildet eine Ethik rechtserhaltender Gewalt den normativen Rahmen für die Rezeption der *bellum iustum*-Traditionen. Sie besagt, dass „die Lehre vom gerechten Krieg zugunsten der Konzeption eines gerechten Friedens durch Recht verabschiedet [wird], gleichzeitig aber die gewalteinschränkenden Kriterien des *bellum iustum* in sich aufgenommen hat" (Reuter 2012, S. 13).

These 6: Hinter der geforderten Rekonstruktion der Prüfkriterien der *bellum iustum*-Tradition in diesem normativen Rahmen verbirgt sich eine doppelte Absicht:

> „Erstens ist sie darauf angelegt, die fragliche Kriteriologie voll mit den normativen Grundentscheidungen des in die UN-Charta

eingegangenen Kriegsächtungsprogramms in Übereinstimmung zu halten: Eine auf die normativen Grundentscheidungen der Charta bezogene Ethik rechtserhaltender Gewalt beseitigt nicht die durch sie etablierte Ächtung des Krieges und das von ihr ausgesprochene Gewaltverbot, sondern kann dazu anleiten, Auslegungsspielräume zu konkretisieren, die bei seiner Durchsetzung auftreten. Zweitens zielt diese Rekonstruktion auch darauf ab, eine breitere Akzeptanz weil Evidenzbasis für die Notwendigkeit solcher Prüfkriterien zu gewinnen" (Reuter 2008b, S. 39).

3 Luther- und Reformiertentum zur Gewaltfrage. Konfessionelle Profile im Vergleich

These 7: Hinsichtlich eines Vergleichs zwischen lutherischem und reformiertem Protestantismus muss festgehalten werden, dass es weder „die" lutherische noch „die" reformierte Tradition gab und gibt. Hinter dem Luthertum verbergen sich durchaus unterschiedliche Traditionen, ebenso wie sich hinter dem Reformiertentum eine Konfessionsfamilie verbirgt.

3.1 Lutherische Tradition

These 8: Als einigendes Band des Gros des Luthertums wird eine gemeinsame, abgeschlossene Bekenntnisgrundlage wahrgenommen, die mit dem „Konkordienbuch" (1580) vorliegt; es gibt freilich auch nichtkonkordistische lutherische Kirchen. Besondere Bedeutsamkeit kommen dabei der Confessio Augustana (CA) (1530) als maßgeblicher Bekenntnisschrift, aber sicherlich auch der Theologie Martin Luthers zu, zumal das Konkordienbuch von der Orientierung an ihr geprägt ist (vgl. Leonhardt 2009, S. 45, 48).

These 9: Insofern ist es angemessen, als Quelle für die folgenden Ausführungen die CA auszuwählen, die (a) in CA 28 bei der Thematisierung der Gewalt der Bischöfe (*De potestate ecclesiasticae*) die Zwei-Reiche-Lehre (vgl. Mantey 2005) als Referenzrahmen nicht nur voraussetzt, sondern auch kurz vorstellt, und (b) in CA 16 das „Kriegführen" (*iure bellare*) im Zusammenhang „De rebus civilibus" thematisiert, und beide im Sinne von Luthers friedensethischer Schrift „Ob Kriegsleute in seligem Stande sein können" (1526) zu interpretieren.

These 10: CA 28 wendet sich gegen die Vermischung von geistlicher und weltlicher Gewalt und merkt kritisch an, dass „aus diesem unordentlichen Gemenge sehr große Kriege (*maxima bella*), Aufruhr und Empörung hervorgegangen sind". CA 28 benennt dabei nur einseitig (in Abgrenzung gegenüber den Altgläubigen) den Übergriff von Bischöfen als Anmaßung, „Kaiser und Könige nach ihrem Gutdünken ein- und abzusetzen". Der Unterschied zwischen der geistlichen und der weltlichen Gewalt wird wie folgt hervorgehoben:

> „Darum soll man die zwei Regimente, das geistliche und weltliche (*potestates ecclesiastica et civilis*), nicht miteinander vermengen und durcheinanderwerfen. Denn die geistliche Gewalt hat ihren (eigenen) Befehl, das Evangelium zu predigen und die Sakramente zu reichen. Sie soll auch nicht in ein fremdes Amt fallen, soll nicht Könige ein- und absetzen, soll weltliche Gesetze und den Gehorsam gegenüber der Obrigkeit nicht aufheben oder zerrütten, soll nicht für die weltliche Gewalt Gesetze machen und aufstellen von weltlichen Händeln [...]. In dieser Weise unterscheiden die Unseren beide Regimente und Gewaltämter und heißen sie beide als die höchsten Gaben Gottes (*utramque Die donum*) auf Erden in Ehren zu halten".

These 11: CA 28 kennt freilich ein weltliches Regiment der Bischöfe, stellt aber fest:

> „Wo aber Bischöfe ein weltliches Regiment und das Schwert (*potestatem gladii*) haben, haben sie diese nicht als Bischöfe durch göttliches Recht, sondern durch menschliches, kaiserliches Recht (*iure humano*); [sie sind ihnen] von römischen Kaisern und Königen zur weltlichen Verwaltung ihrer Güter geschenkt worden und gehen das Amt des Evangeliums gar nichts an. Nach göttlichem Recht (*de iure divino*) besteht deshalb das bischöfliche Amt darin, das Evangelium zu predigen, Sünden zu vergeben, Lehre zu (be) urteilen und die Lehre, die gegen das Evangelium ist, zu verwerfen und die Gottlosen, deren gottloses Wesen offenkundig ist, aus der christlichen Gemeinde auszuschließen – (und zwar) ohne menschliche Gewalt, sondern allein durch Gottes Wort (*sine vi humana, sed verbo*).“

Menschliche Gewalt wird hier für das geistliche Regiment im Blick auf kirchendisziplinarische Maßnahmen klar abgelehnt.

These 12: CA 16 thematisiert im Rahmen der Erfüllung anderer politischer Pflichten (*res civiles*) das Kriegführen:

> „Von der Polizei (Staatsordnung) und dem weltlichen Regiment wird gelehrt (*De rebus civilibus docent*), daß alle Obrigkeit in der Welt und geordnetes Regiment und Gesetze gute Ordnung (*bona opera Die*) sind, die von Gott geschaffen und eingesetzt sind, und daß Christen ohne Sünde in Obrigkeit, Fürsten- und Richteramt tätig sein können, nach kaiserlichen und anderen geltenden Rechten Urteile und Recht sprechen, Übeltäter mit dem Schwert bestrafen, rechtmäßig Kriege führen (*iure bellare*), in ihnen mitstreiten, kaufen und verkaufen, auferlegte Eide leisten, Eigentum haben, eine Ehe eingehen können usw. Hiermit werden die Wiedertäufer verdammt (*damnant anabaptistas*), die lehren, daß das oben Angezeigte unchristlich sei.“

In der Apologie der CA ist vom *iure bella gerere* (BSLK 307,38f.) bzw. in der deutschen Übersetzung vom „Kriege führen" (BSLK 307,41) bzw. vom „Krieg führen um gemeines Friedens willen" (BSLK 309,30f.) die Rede.

These 13: In der Forschung durchaus umstritten ist die Frage, ob und – wenn ja – wie CA 16 auf die Lehre vom *bellum iustum* rekurriert. Während Wilhelm Maurer (1976, S. 149) noch geltend machte, dass „[d]as lutherische Bekenntnis […] die augustinische Lehre vom gerechten Krieg" übernimmt, weist Wolfgang Huber darauf hin, dass CA 16 keineswegs vom *bellum iustum*, sondern vom *iure bellare* spricht. In CA 16 ist interessanterweise nicht vom *iuste bellare* die Rede, wie es zu erwarten gewesen wäre, wenn die so genannte Lehre vom *bellum iustum* hätte aufgerufen werden sollen. Stattdessen wird vom *iure bellare* gesprochen. Huber macht geltend, dass es sich bei *iure* der Wortart nach um ein Adverb und dementsprechend bei *iure bellare* der grammatischen Funktion nach um eine adverbiale Bestimmung, genauer: ein Modaladverbial (Umstandsbestimmung der Art und Weise), handelt:

> „‚Iure' ist eindeutig dem Verbum ‚bellare' (Krieg führen) zugeordnet. Das heißt, durch dieses Wort werden nicht Kriege prädiziert, sondern das Führen von Kriegen. Es wird somit nicht unterstellt, dass bestimmte Kriege mit der Eigenschaft versehen werden könnten, gerecht zu sein, obwohl diese Vorstellung auch nicht ausgeschlossen ist" (Huber 2005, S. 130).

Dementsprechend hat Torleiv Austad, auf den Huber sich beruft, darauf aufmerksam gemacht, dass mit der Formel *iure bellare* nicht „gerechte Kriege", sondern „rechtmäßige, d. h. nach den damaligen Rechtsvorstellungen legitime Kriege" (Austad et al. 1996, S. 126) gemeint sind. Mit anderen Worten soll Krieg auf rechtmäßige Weise

(„nach dem Recht") geführt werden. CA greift nach Huber nicht
einfach affirmativ auf das *bellum-iustum*-Motiv naturrechtlicher
Kriegsethik zurück.

These 14: Götz Planer-Friedrich (1991, S. 17) hat im Blick auf das
iure bellare auf die politischen Realitäten bzw. den zeitgeschicht-
lichen Kontext verwiesen:

> „Man wird in Rechnung stellen müssen, daß die CA schließlich
> ‚vor Kaiser und Reich' präsentiert wurde, nicht auf einem christli-
> chen Konzil. Damit ist die Absicht verbunden, die reformatorische
> Lehre als reichsrechtlich akzeptabel darzustellen. Unter diesen
> Umständen wäre es geradezu töricht, kritische Überlegungen zur
> Rechtmäßigkeit des kaiserlichen Anspruchs auf das Gewaltmonopol
> einzuflechten, wo die Augustana bereits den weltlichen Herrschafts-
> anspruch der Kirche so nachdrücklich bestreitet. Außerdem war
> ja mit dem Ewigen Landfrieden 1495 ein kriegsrechtlicher Fort-
> schritt erreicht worden, dessen positive Wirkung gerade Luther zu
> schätzen wußte. Kein Zweifel – der CA liegt an der Stabilisierung
> dieser Verhältnisse."

These 15: Der *sensus historicus* des *iure bellare* mag umstritten
bleiben. Eine Relektüre der CA von einer Ethik rechtserhaltender
Gewalt her wird die Huber'sche bzw. Austad'sche Deutung geltend
machen dürfen (vgl. Meyer 1991, S. 29):

> „Aus CA XVI lässt sich [...] ableiten, und das ist der Sache nach
> durchaus *zukunftsweisend*, dass es für das Führen von Kriegen
> einen rechtmäßigen, gesetzlichen Rahmen geben müsse. Luther
> und die Reformatoren dachten natürlich an das innerhalb eines
> Staates geltende Recht. Deshalb war ‚Aufruhr' für sie das unmit-
> telbare Gegenteil von ‚iure bellare'. [...] Luther konnte noch keine
> Vorstellung von einer internationalen Rechtsordnung im Sinne des

modernen Völkerrechts haben. Nun aber muss eine Anknüpfung an dieses Dokument von 1530 auch im Blick haben, zu welchen Weiterentwicklungen das Völkerrecht durch die Schrecken genötigt wurde, zu denen moderne Kriegsführung im Stande ist" (Huber 2005, S. 125).

These 16: Was dies heißt, lässt sich anhand von Luthers restriktiver Interpretation naturrechtlicher *bellum iustum*-Kriteriologien im Rahmen seiner Zwei-Regimenten- bzw. Zwei-Reiche-Lehre verdeutlichen, die fünf wesentliche Momente umfasst (vgl. Lienemann 2006, S. 74; Reuter 2013b, S. 47f.; Reuter 2013c, S. 75f.):

a. „Niemand soll Richter in eigener Sache sein." Demnach liegt die Funktion der obersten *legitima auctoritas* beim Reichsrecht und seinen gesetzlichen Sachwaltern. Als solche Sachverwalterin ist die jeweils übergeordnete Obrigkeit in den Blick zu nehmen. „Luther unterstützte die Umsetzung des 1495 im ‚Ewigen Landfrieden' beschlossenen Verbots der Privatfehde und den korrespondierenden Aufbau rechtsstaatlicher Verhältnisse" (Stümke 2007, S. 334).[2] Eine übergreifende Rechtsordnung, d. h. der Gedanke einer universalen Ordnung von elementaren Rechtsprinzipien, liegt durchaus in der Tendenz der Ausrichtung des theologischen Denkens Luthers.[3]

b. „Wer Krieg anfängt, ist im Unrecht." Hier wird das Verbot eines Angriffs- wie Präventivkriegs ausgesprochen (vgl. Lienemann 1982, S. 158). Nur ein Verteidigungskrieg aufgrund erlittenen

---

[2] Zum Ewigen Landfrieden vgl. auch Heckel (2016, S. 81) und v. a. Scharffenorth (1982, S. 205-311).

[3] Den Nachweis führt Heckel (2016, S. 719-729). Auch Volker Stümke (2011, S. 219; vgl. fernerhin: 2017, S. 270f.) spricht im Blick auf Luther von einer „Hochschätzung des Rechts".

Unrechts ist zulässig: „Zwischen gleichgestellten Konfliktpart-
nern ist der einzige verantwortbare Grund zum Gebrauch
militärischer Gewalt die Abwehr eines Angriffs, die *Notwehr*.
Der ‚gerechte‘ Krieg wird umdisponiert und eingeschränkt auf
den ethisch erlaubten Verteidigungskrieg. Und zwar muss es
sich um einen akuten, tatsächlich erfolgten Angriff handeln,
ein Präventivkrieg ist unzulässig" (Reuter 2003, S. 4; vgl. auch
Lienemann 1982, S. 158f.).

c. Aus der strengen Unterscheidung zwischen den Regimenten
folgt, dass Kreuzzüge, Glaubens- und Religionskriege ausgeschlossen sind: „Ein Krieg, der im Namen des christlichen
Glaubens geführt wird, ist an sich ein Unrecht. Diese Behauptung
annulliert nicht nur die mittelalterliche Kreuzzugsidee, sondern
ist auch ein Verdammungsurteil über die religiös gefärbten
Ideologien, mit denen die Neuzeit ihre Kriege begründet hat"
(Maurer 1976, S. 152). Ein strikt säkularer Theoriestatus der so
genannten Lehre vom gerechten Krieg wird hier in gewisser
Weise vorbereitet.

d. Luther schärft auch die Verhältnismäßigkeit *(debitus modus)*
des Gewaltgebrauchs ein.

e. Die gewissensbasierte Prüfungspflicht jedes Einzelnen hebt
Luther ebenfalls hervor. Für den Fall ungerechter Kriegsfüh-
rung rät Luther unverhohlen zu Gehorsamsverweigerung und
Fahnenflucht (Desertion), wie er aus Anlass der Wurzener
Fehde in seinem Brief vom 7. April 1542 an Kurfürst Johann
Friedrich und Herzog Moritz unterstreicht (vgl. Wolgast 1977,
S. 79f., 262ff.; Schulze 2016, S. 335-344).

These 17: Auch wenn Luthers Beiträge sich in erster Linie als Ge-
wissensberatung verstanden haben und darin einem personalen
Verständnis politischer Herrschaft verhaftet blieben (vgl. Reuter

2013a, S. 32), liegt doch im Gefälle seiner Ausführungen durchaus eine Ethik rechtserhaltender Gewalt:

> „[D]ie von ihm [Luther] entwickelte Zweiregimentenlehre [ist] auch ein Fanal für die Verstaatlichung des Rechts und die Monopolisierung der Gewalt – beides übrigens in Ablehnung der Privatfehde – gewesen, von der wir noch heute zehren. Luthers Unterscheidung von geistlichem und weltlichem Regiment hat darüber hinaus Kirche und Staat (Obrigkeit) jeweils eigene Handlungsfelder und Verantwortlichkeiten zugeschrieben, so dass sie nicht mehr im mittelalterlichen Machtkampf (der beiden Schwerter) gegeneinander verharren mussten" (Stümke 2007, S. 58).

These 18: Wolfgang Lienemann (1991, S. 266; vgl. auch Wenz 1997, S. 454) beobachtet treffend: Das *iure bellare* steht

> „in einer Reihe – und *nicht* an der Spitze – von Bestimmungen, die der Rechtssicherung der Bürger, aber weder dem politischen Machterwerb noch einem religionspolitischen Suprematsanspruch dienen. Ich lese CA 16 darum als Vorstufe zur Begründung frühneuzeitlicher Rechtsstaatlichkeit und in einer Traditionslinie, die erstmals bei Kant ihre gültige systematische Form und Begründung gefunden hat."[4]

Lienemann (2003, S. 366) konzediert freilich: „Der Weg von hier zu Kants Rechts- und Friedenstheorie ist zwar weit, aber in sich konsequent, denn das unverzichtbar verbindende Element ist die Einschärfung der Hoheit und Wohltat des Rechtes."[5]

---

4   Vgl. zur ideengeschichtlichen Entwicklung von Luther bis Kant auch Merle (2004, S. 31 ff.), fernerhin Schneewind (1998).

5   Zum genaueren Nachweis der Verbindung zwischen Luther und Kant vgl. Lienemann (1991, S. 266 f.).

These 19: H.-R. Reuter (2008b, S. 38) hat den Zusammenhang zwischen Luthers Bestimmungen und Kants Rechtsbegriff bzw. seiner transzendentalen Begründungstheorie des Rechts (Recht als Bedingung der Möglichkeit von Freiheit [vgl. Kant 1983 [1797], 337f.]). Hervorgehoben:

> „Kurzum und mit Kant gesprochen: Unter der Herrschaft des Rechts ist die Vorstellung eines ‚Rechts zum Krieg' unsinnig, da es zum Begriff des Rechts gehört, dass niemand Richter in eigener Sache ist [M. Luther], sondern sich jeder nach allgemeingültigen freiheitsbeschränkenden Gesetzen bestimmt."

3.2   Reformierte Tradition

These 20: Es gibt im reformierten Protestantismus nicht nur ein dominierendes Modell politischer Ethik, sondern mindestens zwei unterschiedliche, die einerseits auf Genf (Johannes Calvin) und andererseits auf Zürich (Huldrych Zwingli und Heinrich Bullinger) zurückgehen. Bereits in der Auseinandersetzung (1532) zwischen Bullinger und Zwinglis Mitarbeiter Leo Jud (Befürworter einer Trennung von Staat und Kirche) wurden beide Positionen erkennbar (vgl. Campi 2004, S. 119). Freilich handelte es sich bei Genf und Zürich um Stadtstaaten und nicht um Fürstentümer, wie dies bei der lutherischen Reformation der Fall war.

These 21: Im Unterschied zum sächsischen Reformator und seinem Zweiregimente-Modell entwirft Zwingli „ein eigenständiges Einheitsmodell, in dem kirchliche und politische Ordnung einander nicht als eigengesetzliche Bereiche gegenübertreten, sondern – auch wenn sie sich voneinander unterscheiden – in gegenseitiger Zuordnung auf das göttliche Gebot bezogen sind"

(Campi 2004, S. 117f.). Zwinglis Verhältnisbestimmung „Göttliche und menschliche Gerechtigkeit" (1995 [1523]) steht hier im Sinne einer „Entsprechung in der Unterscheidung" (Arthur Rich) Pate. Danach hat sich die menschliche an der göttlichen Gerechtigkeit als dem Maßstab jener zu orientieren, um die menschliche zu einer besseren menschlichen Gerechtigkeit zu steigern.

These 22: Der reformierten Reformation wird oftmals ein theokratisches Verständnis des Staates nachgesagt.

> „Allerdings differenziert auch Zwingli deutlich zwischen der Kirche und dem Staat. Damit denkt er – wie alle Reformatoren – anders als das Mittelalter, das eher eine monistische Vorstellung von der Gewalt hatte, um die sich Kirche und Staat stritten, wobei – je nach geschichtlicher Lage und Theorie – die eine Institution über die andere die Oberhand gewann. Durch die Unterscheidung von Kirche und Staat wird das staatlich-soziale Leben von Bevormundung befreit" (Frey 1989, S. 55).

These 23: Unterzieht man die lutherischen und reformierten Bekenntnisschriften des 16. Jahrhunderts einem Vergleich, so fällt auf, dass die reformierten Bekenntnisschriften die Kriterien des *bellum iustum* in der Summe ausführlicher behandeln. Es finden sich dort verstreut die klassischen Kriterien der so genannten Lehre vom gerechten Krieg wieder (vgl. Hofheinz 2008, S. 135ff.). Gleichwohl präsentiert keines der reformierten Bekenntnisse – auch der Art. 30 der Confessio Helvetica Posterior (1562/66) nicht – eine vollständige, systematisierte Lehre, wie dies etwa bei Thomas von Aquin der Fall ist, sondern es finden sich – ähnlich wie bei Augustin – nur verstreut formulierte Kriterien. Es handelt sich dabei gleichsam um flottierende Versatzstücke einer Lehre vom gerechten Krieg. Allerdings lässt sich der Befund erheben, dass bei aller Eklektik der Bezugnahme auf einzelne Kriterien in den Reformierten Bekenntnisschriften alle Topoi dieser Lehre vorkommen.

These 24: In besonderer Weise ist die Entwicklung des Rechtsdiskurses der westlichen Tradition von den Lehren des Genfer Reformators Johannes Calvin inspiriert worden. Das dürfte kein Zufall sein, zumal sich bei ihm (anders als in der Zürcher Tradition) die Ausprägung einer Zwei-Reiche-Lehre findet (Inst. IV,20), die sich theologisch als Rechtsgrund für eine Säkularisierung der staatlichen Rechtssphäre bestimmen lässt. John Witte, Jr. (2007, S. XIf.) hat den frühen Calvinismus als *The Reformation of Rights* bezeichnet:

> "Building in part on classical and Christian prototypes, Calvin developed arresting new teachings on authority and liberty, duties and rights, and church and state that have had an enduring influence on Protestant lands. Calvin's original teachings were periodically challenged by major crises in the West – the French Wars of Religion, the Dutch Revolt, the English Revolution, American colonization, and the American Revolution. In each such crisis moment, a major Calvinist figure emerged – Theodore Beza, Johannes Althusius, John Milton, John Winthrop, John Adams, and others – who modernized Calvin's teachings and converted them into dramatic new legal and political reforms. This rendered early modern Calvinism one of the driving engines of Western constitutionalism. A number of our bedrock Western understandings of civil and political rights, social and confessional pluralism, federalism and social contract, and more owe a great deal to Calvinist theological and political reforms."

These 25: Karl Barth (1993, S. 122) hat in seiner frühen Göttinger Vorlesung zur Theologie Calvins nicht ohne einen Schuss Säkularisierungs-Skepsis notiert: „Der Calvinismus ist der geschichtliche Erfolg der Reformation, weil er ihr Ethos ist. Wer hier Erfolg sagt, der sagt auch Mißerfolg, innere Einbuße, Verweltlichung. Wer Ethos sagt, wer von Gott aus in die Welt schreitet, der kehrt eben damit Gott den Rücken."

These 26: Hinsichtlich des Beitrags des Calvinismus für die Entwicklung des Menschenrechtsgedankens hat Dietrich Ritschl die hilfreiche These aufgestellt, dass man diesen Beitrag zum modernen Menschenrechtsdiskurs nicht als eine Art von unmittelbarem Einfluss verstehen darf, sondern eher als die Erstellung der Bedingungen neuer Möglichkeiten. Ritschl (1986, S. 305) nennt die Forderung nach Religionsfreiheit, die vehemente Betonung des Bundesgedankens und schließlich (in Schottland) das presbyterial-synodale System, „das zweifellos einen Einfluß auf die Begründung und die Struktur der modernen Demokratie gehabt hat".

These 27: Was Calvin selbst betrifft, bemerkt Christian Link (1995, S. 105) treffend:

> „Wohl war Calvin wie nur wenige ein homo politicus, aber weder hat er so etwas wie das Prinzip der Volkssouveränität proklamiert, noch sich in dem Sinne um Menschenrechte bemüht, in dem wir heute für sie kämpfen. Dennoch haben die von ihm bestimmten Kirchen die Voraussetzungen (auf jeden Fall ein Klima) geschaffen, unter denen beide Postulate sozusagen bis zur politischen Artikulation heranreifen konnten."

These 28: Calvin hat wichtige Impulse für die Friedensethik als Rechtsethik und insofern auch eine Ethik der rechtserhaltenden

Gewalt gegeben. Er sieht den Zusammenhang von Frieden und Gerechtigkeit als unverfügbare göttlicher Gabe und Verheißung durchaus (so auch Busch 2007, S. 293f.). Die Quelle der Erkenntnis, aus der er dabei „trinkt", ist unzweifelhaft die biblische Schalom-Tradition. So bemerkt Calvin in seinem Psalmenkommentar:

> „Dieses Wort [*shalom*] bezeichnet in der hebräischen Sprache nicht bloß einen ruhigen, sondern auch einen glücklichen Zustand. Demgemäß will David sagen, daß das Volk glücklich sein müsse, wenn die öffentlichen Zustände nach der Gerechtigkeit geordnet werden" (CO 31, 665 [Komm. Ps. 72,3]).

These 29: Die biblische Friedens- und Gerechtigkeitsbotschaft ist nach Calvin unter Ausklammerung der rechtlichen Dimension nicht verständlich: „Du sollst das Recht nicht beugen [Dtn 16,19]. Das heißt: Du sollst die Richtschnur der Gerechtigkeit im Auge behalten und ihr folgen, ohne sie nach der einen oder anderen Seite zu verbiegen" (CStA 7,104,36-105,1 [Predigt über Dtn 16,18f.]). Für Calvin ist „[d]ie Grundlage allen Rechts, d.h. seiner festgelegten Gestalt (*constitutio*) in der Form der Gesetze, […] die Gerechtigkeit (*iustice*)" (Link 2009, S. 13).

These 30: Da aber der Frieden nach Calvin nur durch das Recht hergestellt bzw. erhalten werden kann, das Recht aber wiederum von Calvin auf die Gerechtigkeitsvorstellung bezogen wird, liegt das Paradigma eines gerechten Friedens dem Calvin'schen Denken durchaus nahe. Karl Barth, der den Terminus gerechter Frieden im kirchlich-theologischen Bereich in die friedensethische Debatte des 20. Jahrhunderts eingeführt hat,[6] kann auch in dieser Hinsicht als ein Schüler Calvins bezeichnet werden.

These 31: Recht ist für Calvin eben nicht das Recht der Stärkeren (vgl. CStA 7,99,22-25 [Predigt über Dtn 16,18f.]), wie dies nach sozialdarwinistischer Lesart der Fall sein mag, sondern das Recht gilt – unabhängig vom Ansehen der Person – auch den „kleinen Leute[n]" (*les petis*) (CStA 7,108,38 [Predigt über Dtn 16,18f.]. – CO 27,418). Calvin begreift

> „die irdische Justiz als das von Gott verordnete Heilmittel gegen die in Willkür und Gewalt sich manifestierende Verderbnis (*corruption*) des Menschen. Das Recht [...] ist eine providentielle Gabe Gottes zur Erhaltung der Menschheit und als solche zugleich ein Bollwerk gegen den Zusammenbruch des sozialen Lebens. Es soll die Menschen zum Frieden und zum gerechten Miteinander fähig machen" (Link 2009, S. 97).

Ohne das Recht ist politischer Frieden nach Calvin nicht denkbar. Politischer Frieden wird von Calvin – mit anderen Worten – als Rechtsfrieden verstanden. Dieser Rechtsfrieden schließt nach Calvin *in extremis* den rechtserhaltenden Gewaltgebrauch ein.

These 32: Die Anwendung des Rechts hat nach Calvin entsprechend der Maxime der „Billigkeit" (frz. *equité*, lat. *aequitas*) zu erfolgen, wie bereits die antike Ethik (z. B. Stoa und Aristoteles) wusste:

> „Sie bildet als Norm des rechtlichen und sittlichen Handelns die alle Gesetzesauslegung bestimmende Regel, eine ‚Rechtsidee', die

---

6 Zum historischen Hintergrund des Begriffs gerechter Frieden vgl. Huber (2005, S. 118ff.).

in der Natur des Menschen begründet ist und darum geradezu den
‚Kern aller positiven Gesetze' bildet" (CStA 7,98 [Predigt über Dtn
16,18f.]; vgl. Bohatec 1937, S. 565).

Der aus antiker Rechtstradition stammende Begriff der „Billigkeit"
hebt auf eine milde, dem menschlichen Vermögen angemessene
Anwendung der Gesetze ab. In seiner Predigt vom 11. November
1555 zu Dtn 16,18f. vergleicht Calvin die Billigkeit mit einer ge-
raden Linie:

> „[W]enn sie sich nach der einen oder anderen Seite biegt, haben
> wir es mit Unrecht (*iniquité*) zu tun. Deshalb sagt Mose: Du sollst
> das Recht nicht beugen. Das heißt: Du sollst die Richtschnur der
> Gerechtigkeit im Auge behalten und ihr folgen, ohne sie nach
> der einen oder anderen Seite zu verbiegen" (CStA 7,104,35-105,1f.
> [Predigt über Dtn 16,18f.]).

These 33: Die Transformation der *bellum iustum*-Tradition, wie sie
innerhalb der durch den Westfälischen Frieden von 1648 entstan-
denen Ordnung des *ius publicum europaeum* Ausdruck erhält, ist
ohne Berücksichtigung des Calvinismus nicht zu verstehen. Auch
wenn sich bereits in den berühmten Vorlesungen des Francisco de
Vitoria der Übergang zum neuzeitlichen Völkerrecht anbahnte,
so ist die Bedeutung des reformiert geprägten Theologen Alberico
Gentili und des Calvinisten (Remonstranten) Hugo Grotius hinsichtlich der Verrechtlichung der sog. Lehre vom gerechten Krieg
kaum zu überschätzen[7]. In seiner Ausarbeitung des europäischen
Völkerrechts, die ihre große Renaissance mit der Wiederbelebung
des Völkerrechts und der Gründung des Völkerbundes um die
Wende zum 20. Jahrhundert erlebte (vgl. Beestermöller 1995), stellt

---

7   Zu Gentili vgl. einführend Strohm (2008); zu Gentili und Grotius
     vgl. Stumpf (2017).

Grotius die berühmte These auf, dass eine Rechtsordnung auch dann noch Bestand habe, wenn wir – einer spätmittelalterlichen Hypothese folgend – annehmen, dass es Gott nicht gebe:

> „Diese hier dargelegten Bestimmungen würden auch Platz greifen, selbst wenn man annähme, was freilich ohne die größte Sünde nicht geschehen könnte, dass es keinen Gott gäbe oder dass er sich um die menschlichen Angelegenheiten nicht bekümmere. Sowohl die Vernunft wie die ununterbrochene Überlieferung haben uns das Gegenteil eingepflanzt" (Grotius 1950, S. 33).

These 34: Wie Christoph Strohm (2008, S. 439ff.) gezeigt hat, wurden die reformierten Juristen der frühen Neuzeit zu Anwälten der Entsakralisierung der politischen und rechtlichen Ordnung: *Silete theologici in munere alieno* (Gentili 2009 [1612], S. 92). Die Ausstrahlungen der reformierten Theologie auf die Geschichte des Völkerrechts sind auch über Grotius hinaus keineswegs zu ignorieren. Insofern ist es keineswegs verwunderlich, dass der presbyterianische Pfarrerssohn und spätere Präsident der USA, Woodrow Wilson, in dankbarer Erinnerung dieser Zusammenhänge die Stadt Calvins als Sitz des Völkerbunds vorgeschlagen hat (vgl. Link 2004, S. 164).

4   Barmen V als Zusammenführung der beiden Traditionen

These 35: In beiden Traditionen, der lutherischen und der reformierten, tritt die Bindung der Gewalt an das Recht, mithin die sittliche Legalisierungsnotwendigkeit von Gewalt in den Blick. Anders gesagt, beantworten beide die Frage, ob man Gott mit Gewalt dienen kann, nicht einfach generell positiv, sondern wollen

die Gewalt qualifiziert wissen: „Für jede Beurteilung der sittlichen
Qualität von Gewalt ist [...] die Frage nach dem Verhältnis von
Gewalt und Recht entscheidend" (Lienemann 2003, S. 366).

These 36: Beide Traditionen, die lutherische und die reformierte,
werden gewissermaßen in Barmen V zusammengeführt, was
dem historischen Umstand entspricht, dass es sich bei der Barmer Bekenntnissynode (1934) um eine Synode aus lutherischen,
reformierten und unierten Kirchen handelt:

> „Die Schrift sagt uns, dass der Staat nach göttlicher Anordnung
> die Aufgabe hat, in der noch nicht erlösten Welt, in der auch die
> Kirche steht, nach dem Maß menschlicher Einsicht und mensch-
> lichen Vermögens unter Androhung und Ausübung von Gewalt
> für Recht und Frieden zu sorgen. Die Kirche erkennt in Dank und
> Ehrfurcht gegen Gott die Wohltat dieser seiner Anordnung an. Sie
> erinnert an Gottes Reich, an Gottes Gebot und Gerechtigkeit und
> damit an die Verantwortung der Regierenden und Regierten. Sie
> vertraut und gehorcht der Kraft des Wortes, durch das Gott alle
> Dinge trägt."

These 37: So steht hinter der Formulierung von Barmen V zum
einen die bekannte Rede in CA 16 von den *ordinationes civiles*
(den bürgerlichen Anordnungen) und deren Identifikation als
„gute Werke Gottes" (*bona opera Dei*) und zum anderen die breite
Bezeugung des funktionalen Staatsverständnisses, wie sie sich
in den reformieren Bekenntnisschriften des 16. Jahrhunderts
wiederfindet.[8] In Frage 105 des Heidelberger Katechismus heißt

---

8   Vgl. Baseler Bekenntnis (1534), Art. 8 (BSRK 98,23f.); Conf. Helvetica
    Prior (1536), Art. 27 (BSRK 109,16ff.); Conf. Scotica (1560), Art. 24
    (BSRK 261,44f.); Conf. Belgica (1561), Art. 36 (BSRK 248,10ff.); Conf.

es etwa: „Der Staat hat den Auftrag, durch seine Rechtsordnung das Töten zu verhindern." Im Vergleich dazu kommt die eher beiläufige Bestimmung der weltlichen Gewalt in CA 28 defensiver (weniger fordernd) daher: „[W]eltliche Gewalt schützt nicht die Seele, sondern Leib und Gott mit dem Schwert und leiblichen Strafen gegen äußere Gewalt."[9]

These 38: Das funktionale Staatsverständnis ist konditional zu verstehen: Nur weil und insofern der Staat seiner originären Aufgabe nachkommt, verdient er es, Gottes Anordnung genannt zu werden. Daran, an der Sorge für Recht und Frieden als seinem positiven Auftrag, ist er zu bemessen.

These 39: Was es nun konkret heißt, für Frieden und Recht zu sorgen, wird in Barmen V nicht weiter ausgeführt. Ja, selbst der Zusammenhang von Frieden und Recht wird nicht aufgeschlüsselt, auch wenn wir diesen heute gerne im Sinne der Formel *iustitia et pax* bzw. des „gerechten Friedens" interpretieren. In Barmen V ist zunächst einmal nur von „Recht" (*ius*) und nicht einfach von „Gerechtigkeit" (*iustitia*) die Rede. Indem dann später von der Erinnerung an „Gottes Reich, Gottes Gebot und Gerechtigkeit" als der Aufgabe der Kirche gegenüber dem Staat gesprochen wird, gerät freilich auch der Rechtsbegriff in den Bannkreis der

---

Helvetica Posterior (1562), Art. 30 (BSRK 220,24f.); Heidelberger Katechismus (1562), Frage 105 (BSRK 712,29f.); Erlauthaler Bekenntnis (1562), De Magistratu (BSRK 313,25f.).

9   Der lateinische Text spricht indes von *manifestas iniurias*, gegen die sich der Magistrat wende: „Magistratus defendit non mentes, sed corpora et res corporales adversus manifestas iniurias et coercet homines gladio et corporalibus poenis." (BSLK 122,14-20)

Reich-Gottes-Semantik und somit auch der biblischen Gerechtigkeitsvorstellung.

These 40: Gehalt und Gestalt dieser „Sorge" für Frieden und Recht bilden im Blick auf die Fragestellungen, die uns heute friedensethisch beschäftigen, jedoch gewissermaßen eine Leerstelle und zwar in einem spezifischen Sinne: Dem Staat wird Raum gegeben, der freilich begrenzt ist, und zwar durch die kriteriologische Funktion, die diese Aufgabenstellung für die Einschätzung des Staates seitens der Gemeinde hat.

These 41: Immerhin finden sich drei präpositionale Bestimmungen dieser „Sorge": (a) Die Sorge ist *in* der „noch nicht erlösten Welt" verortet; (b) sie erfolgt „*nach* dem Maße menschlicher Einsicht und menschlichen Vermögens" und (c) sie geschieht „*unter* Androhung und Ausübung von Gewalt". Hinter allen drei Präpositionen verbergen sich wichtige Hinweise:

a. Die Aussage „in der noch nicht erlösten Welt" ist zugleich als Orts- und Zeitangabe zu verstehen, die wohlgemerkt für beide, Kirche wie Staat, gilt. Hier, in der Welt, die in zeitlicher Hinsicht die Signatur der „noch nicht erlösten Welt" und nicht etwa der „unerlösten Welt" trägt, sind beide lokalisiert. Liegt der Akzent auf dem „noch nicht", so heißt dies, dass der Zustand der Welt von einer eschatologischen Dynamik ergriffen ist, nämlich dem Kommen des Reiches Gottes, mit dessen universaler Durchsetzung und Vollendung die Welt sein wird, was sie jetzt noch nicht ist: erlöste Welt. „Noch nicht erlöste Welt" besagt, dass wir uns hüten müssen, den jetzigen Zustand auf Dauer zu stellen.

b. „Nach dem Maß menschlicher Einsicht": Diese Bestimmung erdet staatliche Bemühungen. Gerade weil die Kirche um das Kommen des Reiches Gottes als *Autobasileia* weiß, wird sie sich gegen solche Visionen wenden, die meinen, der Staat könne den Himmel auf Erden schaffen. Wo er solches versuche, mache er den Menschen das Leben zur Hölle: „Politik soll an einer besseren Welt arbeiten, aber eben nach dem Maß menschlicher Einsicht und menschlichen Vermögens. Nicht mehr! Allerdings auch nicht weniger: Sie soll *auf der Höhe* menschlicher Einsicht und menschlichen Vermögens sich bewegen, die nach biblischem Verständnis auch in der noch nicht erlösten Welt beträchtlich ist" (Bukowski 2005, S. 50f.).

c. „Unter Androhung und Ausübung von Gewalt": Das durchaus instrumentell zu verstehende „unter" meint hier: „Gewalt ist also nur ein, und beileibe nicht das erste und wichtigste Mittel staatlichen Handelns. Es ist die notwendige Form, nicht der Inhalt staatlichen Tuns. Gewalt kann immer nur als letztes Mittel (als *ultima ratio*) zum Einsatz kommen. Und Kriterium der Gewaltausübung bleiben Recht und Frieden. Staatliche Gewalt muss sich stets fragen, ob sie der Sorge für Recht und Frieden dient […]. Staatliche Gewalt ist ihrerseits kein rechtsfreier Raum, im Gegenteil" (Bukowski 2005, S. 53).

These 42: Wird Gewalt in Barmen V nur als *ultima ratio* verstanden, so folgt daraus, dass im Sinne der *prima ratio* nach Alternativen der Gewalt Ausschau zu halten ist. Folgen ergeben sich daraus insofern für die rechtserhaltende Gewalt, als die vorrangige Option für Gewaltfreiheit zu beachten ist.

These 43: Bezeichnet Barmen V den Staat als Subjekt der Gewaltausübung, billigt Barmen also allein ihm den Status der *legitima potestas* bzw. *legitima auctoritas* zu, so schließt Barmen V damit zugleich die Kirche als legitimen „Träger" dieses Status aus. Die Kirche ist demnach keineswegs zum Gewaltgebrauch befugt. Barmen V reiht sich wiederum ein in die reformatorische Tradition, sollen doch nach CA 28 die Bischöfe *sine vi humana, sed verbo* (BSLK 124,22), also ohne menschliche Gewalt allein durch das Wort regieren.

These 44: Außer in Barmen V ist noch an einer anderen Stelle von Gewalt die Rede, nämlich im Schriftzitat von Barmen IV. Dort wird das in ähnlicher Weise auch bei Lukas (22,25f.) und Markus (10,42f.) zitierte Logion vom Herrschen und Dienen nach Matthäus (20,25f.) bemüht: „Jesus Christus spricht: Ihr wisst, dass die Herrscher ihre Völker niederhalten und die Mächtigen ihnen Gewalt antun. So soll es nicht sein unter euch; sondern wer unter euch groß sein will, der sei euer Diener." Der Gewaltbegriff ist hier negativ konnotiert: Gewalt kennzeichnet die Macht- und Herrschaftsstrukturen der menschlichen Gesellschaft, nicht jedoch der Jüngergemeinschaft, die durch „Dienen" ausgezeichnet ist. Gewalt wird hier negativ bewertet und rückt erkennbar in die Nähe physischer Zwangsgewalt, wofür der lateinische Terminus *violentia* steht.

These 45: Der Gewaltbegriff in Barmen V ist hingegen ungleich positiver geprägt und meint die im Notfall für Recht und Frieden sorgende Gewalt. Es geht um die rechts- und friedenserhaltende Gewalt, die semantisch in die Nähe der *potestas* rückt, worunter man reformatorisch „die segensreiche, Ordnung schaffende und gewährleistende Macht und Autorität legitimer ‚Obrigkeit'" (Lienemann 2004, S. 11) verstand. Luther nimmt in seiner „Obrigkeitsschrift" diese Gewalt (im Sinne der lat. *potestas* bzw. griechischen *eksousia*) in den Blick, wenn er im Anschluss an Röm 13,4 („Die Obrigkeit ist Gottes Dienerin, dir zugute") schreibt: „Die Gewalt ist ihrer Natur nach derart, dass man Gott damit dienen kann" (WA 11,257,32). Der Gewaltbegriff von Barmen, wie an diesen beiden genannten Thesen (IV und V) gezeigt werden kann, umfasst durchaus die gesamte Breite des deutschen Wortes Gewalt, in dem „lange Zeit die Bedeutungen der lateinischen Wörter *potestas* und *violentia* zusammen[flossen]" (Lienemann 2004, S. 11). Unser heutiger Sprachgebrauch ist indes dadurch gekennzeichnet, dass im Unterschied zur Sprache Luthers beide Aspekte von Gewalt auseinandergetreten sind und der Begriff Gewalt zumeist mit „violence" *(vis, violencia)* gleichgesetzt und negativ konnotiert wird (vgl. Lienemann 2003, S. 361f.).

These 46: Barmen V ist durchaus im Sinne einer Ethik rechtserhaltender Gewalt zu verstehen. Die von ihr betonte Rechtsbindung des Militärs tritt damit in den Blick, die es bereits auf der Grundlage eines allgemeinen Gewaltverbots (Art. 2, Abs. 4 der UN-Charta) (als Grundnorm) in Gestalt des gültigen Völkerrechts gibt – unbenommen dessen, dass es freilich nur als *lex imperfecta* zu verstehen ist, wie wir immer wieder angesichts fahrlässiger, unilateraler Infragestellungen schmerzlich erfahren.[10] Es geht gewissermaßen um ein polizeianaloges *law enforcement.* Gleichwohl muss man natürlich die Einschränkung des völkerrechtlichen Gewaltverbots durch Kap. VII und Art. 51 (Selbstverteidigungsrecht) der Charta

---

10 Lienemann (2011, S. 59) benennt zwei grundlegende Defizite der UN: „(1) das Fehlen einer verbindlichen Legislativkompetenz und (2) das Fehlen einer internationalen Rechtdurchsetzungsgewalt."

berücksichtigen. Damit wird aber nicht das definitive Ende eines freien Selbstverteidigungs- und Kriegsführungsrechts (*liberum ius ad bellum*) außer Kraft gesetzt. Die Rechtsbindung militärischer Gewalt ist auf der Grundlage des Völkerrechts, also bereits *de lege lata*, gültig.

These 47: Hinsichtlich einer Übertragung des innerstaatlichen Gewaltmonopols als Grundlage und Voraussetzung polizeilichen Handelns auf die internationalen Beziehungen wird man indes realistischerweise mit Lienemann hinzufügen müssen: „Ein Gewaltmonopol der (Organe der) UN besteht bisher nicht, und ein Gewaltlegitimationsmonopol ist zumindest eine m. E. dringend wünschbare Fortentwicklung des Völkerrechts, aber politisch und rechtlich noch keine zwingende Realität" (Lienemann 2013, S. 93).

Literatur

Austad, Torleiv, Horst Georg Pöhlmann und Friedhelm Krüger. 1996. *Theologie der lutherischen Bekenntnisschriften*. Gütersloh: Gütersloher Verlagshaus.

Barth, Karl. 1993 [1922]. *Die Theologie Calvins*, hrsg. von Hans Scholl. Zürich: TVZ.

Beestermöller, Gerhard. 1995. *Die Völkerbundsidee. Leistungsfähigkeit und Grenzen der Kriegsächtung durch Staatensolidarität*. Stuttgart: Kohlhammer.

Die Bekenntnisschriften der evangelisch-lutherischen Kirche (BSLK). 1930. Hrsg. vom Deutschen Evangelischen Kirchenausschuß im Gedenkjahr der Augsburgerischen Konfession 1930. Göttingen: Vandenhoeck & Ruprecht.

Die Bekenntnisschriften der reformierten Kirche (BSRK). 1999 [1903]. Hrsg. von E. F. Karl Müller. Waltrop: Hartmut Spenner.

Bohatec, Josef. 1937. *Lehre von Staat und Kirche mit besonderer Berücksichtigung des Organismusgedankens.* Breslau: Verlag M. und H. Marcus.

Bukowski, Peter. 2005. Politik als Wohltat – der Auftrag der Kirche. In *Die kleine Prophetin Kirche leiten*, hrsg. von Martin Böttcher, 47-56. Wuppertal: Foedus.

Busch, Eberhard. 2007. *Reformiert. Profil einer Konfession.* Zürich: TVZ.

Calvin-Studienausgabe (= CStA). 1994ff. Hrsg. von Eberhard Busch. Neukirchen-Vluyn: Neukirchener Verlag.

Campi, Emidio. 2004. Bullingers Rechts- und Staatsdenken. *Evangelische Theologie* 64 (2): 116–126.

Frey, Christofer. 1989. *Die Ethik des Protestantismus von der Reformation bis zur Gegenwart.* Gütersloh: Gütersloher Verlagshaus.

Gentili, Alberico. 2009 [1612]. *De iure belli libri tres.* Bd. 1. Faksimile-Reprint der Ausgabe Hanau. Whitefish, Montana: Kessinger Pub Co.

Grotius, Hugo. 1950 [1625]. *Vom Recht des Krieges und des Friedens. Die Klassiker des Völkerrechts in moderner deutscher Übersetzung 1*, übers. und hrsg. von Walter Schätzel. Tübingen: Mohr Siebeck.

Heckel, Martin. 2016. *Martin Luthers Reformation und das Recht. Die Entwicklung der Theologie Luthers und ihre Auswirkung auf das Recht unter den Rahmenbedingungen der Reichsreform und der Territorialbildung im Kampf mit Rom und den „Schwärmern".* Tübingen: Mohr Siebeck.

Hofheinz, Marco. 2008. Die „Lehre" vom gerechten Krieg nach den Reformierten Bekenntnisschriften des 16. Jahrhunderts. In *Reformierter Protestantismus vor den Herausforderungen der Neuzeit. Vorträge der sechsten Emder Tagung zur Geschichte des reformierten Protestantismus*, hrsg. von Thomas K. Kuhn und Hans-Georg Ulrichs, 135-147. Wuppertal: Foedus.

Huber, Wolfgang. 2005. Rückkehr zur Lehre vom gerechten Krieg? Aktuelle Entwicklungen in der evangelischen Friedensethik. *Zeitschrift für Evangelische Ethik* 49 (1): 113-130.

Ioannis Calvini Opera quae supersunt omnia (= CO). 1863ff. Hrsg. von Wilhelm Baum. Braunschweig: Schwetschke.

Kant, Immanuel. 1983 [1797]. Metaphysik der Sitten. Rechtslehre. In *Werke in zehn Bänden Bd. VII*, hrsg. von Wilhelm Weischedel. Darmstadt: Wissenschaftliche Buchgesellschaft.

Leonhardt, Rochus. 2009. *Grundinformation Dogmatik. Ein Lehr- und Arbeitsbuch für das Studium der Theologie.* Göttingen: Vandenhoeck & Ruprecht.

Lienemann, Wolfgang. 1982. *Gewalt und Gewaltverzicht. Studien zur abendländischen Vorgeschichte der gegenwärtigen Wahrnehmung von Gewalt.* München: Chr. Kaiser.

Lienemann, Wolfgang. 1991. Vom gerechten Krieg zum gerechten Frieden? Überlegungen zur neueren ökumenischen Friedensethik. *Kirchliche Zeitgeschichte* 4 (2): 260-275.

Lienemann, Wolfgang. 1997. Notwendigkeit und Chancen der Gewaltfreiheit. In *Frieden machen*, hrsg. von Dieter Senghaas, 48-62. Frankfurt a. M.: Suhrkamp.

Lienemann, Wolfgang. 2003. Mit der Gewalt Gott dienen? Rechtsethische Überlegungen anlässlich der ökumenischen Dekade „to overcome violence". In *Gott wahr nehmen*, hrsg. von Magdalene L. Frettlöh und Hans P. Lichtenberger, 359-377. Neukirchen-Vluyn: Neukirchener Verlag.

Lienemann, Wolfgang. 2004. Kritik der Gewalt. Unterscheidungen und Klärungen. In *Gewalt wahrnehmen – von Gewalt heilen. Theologische und religionswissenschaftliche Perspektiven*, hrsg. von Walter Dietrich und Wolfgang Lienemann, 10-30. Stuttgart: Kohlhammer.

Lienemann, Wolfgang. 2006. Gibt es gerechte Kriege? In *Kollektive Gewalt?*, hrsg. von Sara M. Zwahlen und Wolfgang Lienemann, 69-85. Bern: Peter Lang.

Lienemann, Wolfgang. 2007. Verantwortungspazifismus (*legal pacifism*). Zum politischen Gestaltungspotenzial pazifistischer Bewegungen im Blick auf das Völkerrecht. In *Der gerechte Friede zwischen Pazifismus und gerechtem Krieg. Paradigmen der Friedensethik im Diskurs*, hrsg. von Jean-Daniel Strub und Stefan Grotefeld, 75-99. Stuttgart: Kohlhammer.

Lienemann, Wolfgang. 2011. Recht und Gewalt. Grundlagen und Grenzen völkerrechtlich zulässiger Gewaltanwendung im Blick auf den Militäreinsatz in Afghanistan. In *Das internationale Engagement in Afghanistan in der Sackgasse? Eine politisch-ethische Auseinandersetzung*, hrsg. von Hans-Gerhard Justenhoven und Ebrahim Afsah, 55-85. Baden-Baden: Nomos.

Lienemann, Wolfgang. 2013. Militärische Interventionen als Wahrnehmung von humanitärer Schutzverantwortung? Völkerrechtliche und moralische Urteilskriterien angesichts des religiös-weltanschaulichen

Pluralismus in der Weltgesellschaft. In *Die Humanitäre Intervention in der ethischen Beurteilung*, hrsg. von Hubertus Busche und Daniel Schubbe, 81-105. Tübingen: Mohr Siebeck.

Link, Christian. 1995. Calvin und der Calvinismus. Eine Skizze. In *Hilfreiches Erbe? Zur Relevanz reformatorischer Theologie*, hrsg. von Martin Heimbucher und Joachim Lenz, 97-119. Bovenden: Foedus.

Link, Christian. 2004. Humanität in reformatorischer Perspektive. Zum Menschenbild Calvins. In *„Was ist der Mensch?" Theologische Anthropologie im interdisziplinären Kontext*, hrsg. von Michael Graf, Frank Mathwig und Matthias Zeindler, 163-174. Stuttgart: Kohlhammer.

Link, Christian. 2009a. Calvin als Prediger. In *Calvin-Studienausgabe Bd. 7*, hrsg. von Eberhard Busch, 1-17. Neukirchen-Vluyn: Neukirchener Verlag.

Link, Christian. 2009b. Einleitung zur Predigt über Deuteronomium 16,18f. In *Calvin-Studienausgabe Bd. 7*, hrsg. von Eberhard Busch und Alasdair Heron, 97-98. Neukirchen-Vluyn: Neukirchener Verlag.

Luther, Martin. Von weltlicher Obrigkeit wie weit man ihr Gehorsam schuldig sei. 1523. In *Weimarer Ausgabe*. Bd. 11, 245-281. Weimar: Hermann Böhlaus Nachfolger.

Mantey, Volker. 2005. *Zwei Schwerter – Zwei Reiche. Martin Luthers Zwei-Reiche-Lehre vor ihrem spätmittelalterlichen Hintergrund, Spätmittelalter und Reformation*. Tübingen: Mohr Siebeck.

Maurer, Wilhelm. 1976. *Historischer Kommentar zur Confessio Augustana*. Bd. 1: Einleitung und Ordnungsfragen. Gütersloh: Gütersloher Verlagshaus.

Meyer, Harding. 1991. Die Bedeutung der Confessio Augustana für die heutige friedensethische Diskussion. In *Frieden und Bekenntnis. Die Lehre vom gerechten Krieg im lutherischen Bekenntnis*, hrsg. von Götz Planer-Friedrich, 21-46. Genf: LWB-Studien.

Merle, Jean-Christophe. 2004. Zur Geschichte des Friedensbegriffs vor Kant. Ein Überblick. In *Immanuel Kant. Zum ewigen Frieden*, hrsg. von Otfried Höffe, 31-42. Berlin: Akademie Verlag.

Opitz, Peter. 2009. Anwälte der Entsakralisierung. Konfessionelle Aspekte im Werk reformierter Juristen der Frühen Neuzeit. *Reformierte Presse* 14 (27): 9.

Planer-Friedrich, Götz. 1991. Iure bellare. In *Frieden und Bekenntnis. Die Lehre vom gerechten Krieg im lutherischen Bekenntnis*, hrsg. von Götz Planer-Friedrich, 7-20. Genf: LWB-Studien.

Reuter, Hans-Richard. 2003. Die Militärintervention gegen den Irak und die neuere Debatte über den „gerechten Krieg". https://reposito-rium.uni-muenster.de/document/miami/0e6e580b-1513-4f57-b05a-e4471d753897/reuter.pdf. Zugegriffen: 27. Mai 2017.

Reuter, Hans-Richard. 2008a. Gerechter Friede! – Gerechter Krieg? *Zeitschrift für Evangelische Ethik* 52 (3): 163-168.

Reuter, Hans-Richard. 2008b. Gerechter Frieden und „gerechter Krieg" als Themen der neuen Friedensdenkschrift der EKD. *epd-Dokumentation* 19/20: 36-43.

Reuter, Hans-Richard. 2012. Terrorismus und rechtserhaltende Gewalt. Grenzen des Antiterrorismus aus ethischer Sicht. In *Gewalt und Gewalten. Zur Ausübung, Legitimität und Ambivalenz rechtserhaltender Gewalt*, hrsg. von Torsten Meireis, 11-29. Tübingen: Mohr Siebeck.

Reuter, Hans-Richard. 2013a. Frieden/Friedensethik. In *Recht und Frieden. Beiträge zur politischen Ethik*, hrsg. von Hans-Richard Reuter, 28-37. Leipzig: Evangelische Verlagsanstalt.

Reuter, Hans-Richard. 2013b. Martin Luther und das Friedensproblem. In *Recht und Frieden. Beiträge zur politischen Ethik*, hrsg. von Hans-Richard Reuter, 38-57. Leipzig: Evangelische Verlagsanstalt.

Reuter, Hans-Richard. 2013c. Von der „Kriegstheologie" zur Friedensethik. Zum Wandel der Kriegswahrnehmung im deutschen Protestantismus der letzten 100 Jahre. In *Recht und Frieden. Beiträge zur politischen Ethik*, hrsg. von Hans-Richard Reuter, 58-82. Leipzig: Evangelische Verlagsanstalt.

Ritschl, Dietrich. 1986. Der Beitrag des Calvinismus für die Entwicklung des Menschenrechtsgedankens in Europa und Nordamerika (1979). In *Konzepte. Ökumene, Medizin, Ethik*, hrsg. von Dietrich Ritschl, 301-315. München: Chr. Kaiser.

Scharffenorth, Gerta. 1982. *Den Glauben ins Leben ziehen... Studien zu Luthers Theologie*. München: Chr. Kaiser.

Schneewind, Jerome B. 1998. *The Invention of Autonomy. A History of Modern Moral Philosophy*. Cambridge: Cambridge University Press.

Schulze, Manfred. 2016. Martin Luther: Friedenstheologie im Angesicht des Krieges. Wider den Aufruhr, Die Packschen Händel, Die Wurzener Fehde. In *Wort und Weisheit*, hrsg. von David Kannemann und Volker Stümke, 335-344. Leipzig: Evangelische Verlagsanstalt.

Soosten, Joachim von. 2012. Feindesliebe. Konstellationen einer Grenz-moral. In *Gewalt und Gewalten. Zur Ausübung, Legitimität und Am-*

bivalenz rechtserhaltender Gewalt, hrsg. von Torsten Meireis, 203-224. Tübingen: Mohr Siebeck.

Strohm, Christoph. 2008. *Calvinismus und Recht. Weltanschaulich-konfessionelle Aspekte im Werk reformierter Juristen in der Frühen Neuzeit.* Tübingen: Mohr Siebeck.

Stümke, Volker. 2007. *Das Friedensverständnis Martin Luthers. Grundlagen und Anwendungsbereiche seiner politischen Ethik.* Stuttgart: Kohlhammer.

Stümke, Volker. 2011. Einen Räuber darf, einen Werwolf muß man töten. Zur Sozialethik Luthers in der Zirkulardisputation von 1539. In *Zwischen gut und böse. Impulse lutherischer Sozialethik*, hrsg. von Volker Stümke, 205-228. Münster: LIT.

Stümke, Volker. 2017. Krieg und Frieden in der Reformation: Martin Luther. In *Handbuch Friedensethik*, hrsg. von Ines-Jacqueline Werkner und Klaus Ebeling, 265-275. Wiesbaden: Springer VS.

Stumpf, Christoph. Vom Recht des Krieges und des Friedens im klassischen Völkerrecht: Alberico Gentili und Hugo Grotius. In *Handbuch Friedensethik*, hrsg. von Ines-Jacqueline Werkner und Klaus Ebeling, 291-300. Wiesbaden: Springer VS.

Wenz, Gunther. 1998. *Theologie der Bekenntnisschriften der evangelisch-lutherischen Kirche. Eine historische und systematische Einführung in das Konkordienbuch.* Bd. 2. Berlin: de Gruyter.

Witte, John Jr. 2007. *The Reformation of Rights. Law, Religion, and Human Rights in Early Modern Calvinism.* Cambridge: Cambridge University Press.

Wolgast, Eike. 1977. *Die Wittenberger Theologie und die Politik der evangelischen Stände. Studien zu Luthers Gutachten in politischen Fragen.* Gütersloh: Gütersloher Verlagshaus.

Zwingli, Huldrych. 1995 [1523]. Göttliche und menschliche Gerechtigkeit. In *Huldrych Zwngli Schriften*. Bd. 1, hrsg. von Thomas Brunnschweiler und Samuel Lutz, 155-213. Zürich: Theologischer Verlag.

Kirchliche Diskurse um die Anwendung militärischer Gewalt
Eine empirische Perspektive

Ines-Jacqueline Werkner

1   Einleitung

„Eine christliche Friedensethik kann es am Ende des zweiten Jahrtausends nur noch als eine ökumenische Friedensethik geben." – so
der Theologe Wolfgang Lienemann (2000, S. 58). Unbestreitbar
ist, dass Frieden zu den zentralen Themen der Ökumene gehört.
Davon zeugen unter anderem die Bestrebungen des Ökumenischen
Rates der Kirchen (ÖRK, auch Weltkirchenrat), dem weltweit
repräsentativsten ökumenischen Gremium,[1] den gerechten Frie-

---

[1] Dem ÖRK gehören heute 345 Mitgliedskirchen mit mehr als 500
Millionen Christen aus über 110 Ländern aus allen Kontinenten an,
darunter die Mehrzahl der orthodoxen Kirchen, zahlreiche anglikanische, baptistische, lutherische, methodistische und reformierte
Kirchen sowie viele vereinigte und unabhängige Kirchen. Die römisch-katholische Kirche ist nicht Mitglied im ÖRK. Dies ist dem
Selbstverständnis der katholischen Kirche und ihrem Status als
Völkerrechtssubjekt geschuldet. Sie unterhält aber enge Beziehungen
zum Rat.

den als neues friedensethisches Konzept zu etablieren. Bereits die
Gründung des Weltkirchenrates war von dem Willen der Kirchen,
Krieg zu überwinden, geprägt. Dafür steht der viel zitierte Satz
aus seiner Gründungsversammlung 1948 in Amsterdam: „Krieg
soll nach Gottes Willen nicht sein", er ist „Sünde wider Gott und
eine Entwürdigung des Menschen" (ÖRK 1948, S. 260f.). Auch der
gegenwärtige ÖRK-Generalsekretär Olav Fykse Tveit (2013) betont
als vorrangige Aufgabe: „Der Weltkirchenrat muss in Fragen der
Gerechtigkeit, des Friedens und der Bewahrung der Schöpfung als
starker Fürsprecher auf der Weltebene auftreten, auch gegenüber
internationalen Gremien und Organisationen."

Zugleich bestehen innerhalb des ÖRK aber auch grundsätzliche
Kontroversen um die Anwendung militärischer Gewalt, die diesen
Anspruch unterminieren können. Das zeigt sich unter anderem
an der Erklärung des ÖRK zur internationalen Schutzpflicht. In
dieser unterstützen die Mitgliedskirchen explizit die in der Entstehung begriffene internationale Norm der Schutzpflicht und
befürworten den dort vorgenommenen Perspektivenwechsel, der
die Rechte der Menschen in den Mittelpunkt rückt, verbunden
mit der Pflicht der Staaten, für den Schutz ihrer Bürger zu sorgen.
Auch betonen sie die Prävention als zentrales Instrument und
Anliegen der Kirchen. Offen blieb allerdings die Antwort auf die
ethische Frage der Anwendung militärischer Gewalt. Denn auch
wenn die Erklärung zur Schutzpflicht von der Vollversammlung
des ÖRK im Konsens gebilligt wurde, stehen dort gegensätzliche
Positionen unvermittelt nebeneinander:

> „Kirchen mögen einräumen, dass Gewaltanwendung zum Schutz
> der Bevölkerung unter bestimmten Umständen eine Option dar-
> stellt, die den Erfolg nicht garantieren kann, die aber genutzt werden
> muss, da die Welt bisher weder in der Lage war, noch ist, irgendein
> anderes Instrument zu finden, um Menschen in aussichtslosen
> Situationen zu Hilfe zu kommen. Es ist allerdings festzuhalten,

dass innerhalb der Kirchen auch Gruppierungen bestehen, die Gewalt kategorisch ablehnen. Sie vertreten eine Pflichterfüllung durch konsequente Prävention und – wie hoch der Preis auch sein mag – als letztes Mittel das Risiko gewaltloser Intervention bei gewalttätigen Auseinandersetzungen einzugehen. Beide Ansätze können erfolglos bleiben, sind aber in gleicher Weise als Ausdruck christlicher Pflichterfüllung zu respektieren." (ÖRK 2006, Ziff. 14)

D. h. während die einen in der *Responsibility to Protect* (R2P) ein Instrument sehen, bedrohte Menschen zu schützen, und in diesem Kontext die Anwendung militärischer Gewalt als letztes Mittel nicht ausschließen (bzw. sogar explizit mit einschließen), befürchten andere eine Aushöhlung des in der UN-Charta festgeschriebenen Gewaltverbots bzw. lehnen aus biblischen und ethischen Gründen militärische Gewalt prinzipiell ab.

Diese unterschiedlichen Positionen gehen neben kontextspezifischen Gegebenheiten vor allem auf verschiedene kirchliche Traditionen zurück. Die folgenden empirischen Fallbeispiele sollen exemplarisch die Vielfalt dieser kirchlichen Diskurse um die Anwendung militärischer Gewalt aufzeigen. Geografisch liegt der Fokus auf den euroatlantischen Raum. Näher in den Blick genommen werden die Debatten der Evangelischen Kirche in Deutschland, der Historischen Friedenskirchen, US-amerikanischer Kirchen sowie der Russisch-Orthodoxen Kirche mit dem Ziel, Konvergenzen, aber auch Differenzen und Divergenzen aufzuzeigen. Die Analysen stützen sich auf zentrale Dokumente der jeweiligen Kirchen, ergänzt um Experteninterviews.[2]

---

2   Die Experteninterviews, bei denen führende Repräsentanten der jeweiligen Kirchen mittels leitfadengestützter Interviews befragt wurden, erfolgten im Rahmen von Forschungspraktika an der Universität Heidelberg (SoSe 2012) sowie in einer zweiten Untersuchungsphase an der Goethe-Universität Frankfurt a. M. (WiSe 2016/17). An dieser Stelle gilt mein Dank u. a. Laura Guntrum, Lorena Haak, Ibrahim

2   Die Evangelische Kirche in Deutschland zwischen ziviler gewaltfreier Konfliktbearbeitung und rechtserhaltender Gewalt

Das heute in dominierende friedensethische Konzept des gerechten Friedens ist nach ersten Ansätzen im Rahmen des konziliaren Prozesses für Gerechtigkeit, Frieden und Bewahrung der Schöpfung in der Friedensdenkschrift der EKD von 2007 entfaltet worden. Neben dem Bischofswort der katholischen Kirche in Deutschland (2000) stellt es – auch im Vergleich zum ökumenischen Kontext weltweit – das umfangreichste und inhaltlich ausdifferenzierteste Papier zum gerechten Frieden dar. Die EKD-Denkschrift basiert auf drei friedensethische Grundorientierungen: (1) dem Vorrang ziviler Konfliktbearbeitung, (2) dem Verständnis einer Friedensordnung als Rechtsordnung sowie (3) der Beschränkung militärischer Gewalt zur Rechtsdurchsetzung.[3]

1. *Vorrang ziviler und gewaltpräventiver Konfliktbearbeitung*: Dieser Grundsatz bildet den Kern des Konzepts des gerechten Friedens. So besteht sein Ziel gerade darin, den friedensethischen Fokus zu weiten und über die Frage der Legitimation militärischer Gewaltanwendung hinauszugehen. In diesem Sinne heißt es auch in der Friedensdenkschrift der EKD (2007, Ziff. 170): „Im Rahmen des Konzeptes des gerechten Friedens

---

Meral, Anna Steiner, Florian Stienen, Maria Toropova und Simon Witsch.

3   Dieses Kapitel basiert zu wesentlichen Teilen auf Hoppe und Werkner (2017, S. 349ff.); vgl. auch Werkner (2018).

ist zivile Konfliktbearbeitung eine vorrangige Aufgabe."[4] In der Folge wird ein sehr breites Repertoire von Aufgaben ziviler und gewaltpräventiver Konfliktbearbeitung aufgezeigt (vgl. EKD 2007, Ziff. 170). Damit wird ein Bewusstsein für die Vielfalt der notwendigen Bedingungen des Friedens geschaffen, auch wenn es zugleich die Gefahr birgt, angesichts der Weite auf einer relativ allgemeinen und unverbindlichen Ebene zu verbleiben.

2. *Verständnis einer Friedensordnung als Rechtsordnung*: Das Leitbild des gerechten Friedens in der Evangelischen Kirche in Deutschland enthält – und darin unterscheidet es sich in seiner Fokussierung auch vom katholischen Konzept – einen starken Rechtsbezug, in der Friedensdenkschrift überschrieben mit „Friede durch Recht". So sei der gerechte Frieden „zu seiner Verwirklichung auf das Recht angewiesen" (EKD 2007, Ziff. 85). Das Leitbild setzt auf eine Institutionalisierung und Verrechtlichung der internationalen Beziehungen und damit auf multilaterale und universelle Regelwerke. Perspektivisch liege – so die Friedensdenkschrift (2007, Ziff. 86) – dem gerechten Frieden eine „kooperativ verfasste Ordnung ohne Weltregierung" mit einem System kollektiver Sicherheit zugrunde. Auf diese Weise kommt den Vereinten Nationen auf dem Weg zu einem gerechten Frieden eine besondere Bedeutung zu. Dieser rechtsethische Leitgedanke „Friede durch Recht" als ein zentrales Charakteristikum der EKD-Denkschrift ist aber auch nicht unproblematisch. So verweisen die Unzulänglichkeiten des Systems der Vereinten Nationen – und dazu zählen unter anderem die partikulare Zusammensetzung des UN-Sicherheitsrates, seine fehlende Durchsetzungskraft oder auch Doppelstandards bei der Rechtsdurchsetzung – zugleich auf die Grenzen eines sol-

---

4   Umso erstaunlicher ist es, dass diese „vorrangige Aufgabe" erst gegen Ende der Friedensdenkschrift thematisiert wird.

chen Zugangs bzw. auf die Spannung zwischen Rechtsidee und realpolitischer Verfasstheit der Vereinten Nationen.

3. *Beschränkung militärischer Gewalt zur Rechtsdurchsetzung*: Ausgehend vom rechtsethischen Grundsatz und mit Verweis auf die UN-Charta ergibt sich ein grundsätzliches Gewaltverbot. Vor diesem Hintergrund wird der Lehre vom gerechten Krieg eine klare Absage erteilt: „Im Rahmen des Leitbilds vom gerechten Frieden hat die Lehre vom *bellum iustum* keinen Platz mehr" (EKD 2007, Ziff. 102). Dennoch verbindet sich mit dieser Aussage kein radikaler Pazifismus. So sei das Recht „auf Durchsetzbarkeit angelegt" (EKD 2007, Ziff. 98), womit es Situationen geben könne, die einen Gewaltgebrauch nicht ausschließen. In der Friedensdenkschrift der EKD steht dafür der Terminus der „rechtserhaltenden Gewalt".

Damit stellt sich erneut die Frage nach den ethischen Kriterien des Gewaltgebrauchs. Die Kriterien der Ethik rechtserhaltender Gewalt lesen sich dann ähnlich wie die des gerechten Krieges. So finden sich seine Kriterien – unterteilt in *ius ad bellum* (mit den Kriterien: Erlaubnisgrund, Autorisierung, richtige Absicht, äußerstes Mittel, Verhältnismäßigkeit der Folgen) und *ius in bello* (mit den beiden Kriterien: Verhältnismäßigkeit der Mittel, Unterscheidungsprinzip) – in gleicher Weise in der Konzeption des gerechten Friedens wieder. Genau diese Fragen – nach dem Recht zum Kriegführen und nach der rechtmäßigen Kriegsführung – werden auch im gerechten Frieden zu Prüfkriterien rechtserhaltender Gewalt erhoben (vgl. EKD 2007, Ziff. 102f.). Allerdings differenziert die Friedensdenkschrift zwischen den Kriterien des gerechten Krieges und seinen Rahmenbedingungen. Dabei bestünden „[n]icht gegen Kriterien dieser Art als solche, wohl aber gegen die überkommenen Rahmenbedingungen des gerechten Kriegs, in die sie eingefügt waren, […] prinzipielle Einwände" (EKD 2007, Ziff. 99). So würde die Lehre vom gerechten Krieg politischen Kontextbedingungen entstammen, in denen es weder eine generelle Ächtung des Krieges noch eine rechtlich institutionalisierte Instanz zur internationalen Rechtsdurchsetzung gebe.

Die Ethik rechtserhaltender Gewalt stellt den Mainstream innerhalb der Evangelischen Kirche in Deutschland dar. Dennoch finden sich auch prinzipielle Einwände gegen diese Position. Dafür zeugen beispielsweise die friedensethischen Diskussionen und Stellungnahmen der Evangelischen Landeskirche in Baden der letzten Jahre. Auf ihrem Weg, eine Kirche des gerechten Friedens zu werden, spricht sich diese explizit für einen Ausstieg aus der militärischen Option aus:

> „Krieg scheidet als Mittel der Politik aus und darf nach Gottes Willen nicht sein! Daher muss der Tendenz gewehrt werden, den Krieg wieder als normales Mittel der Politik anzusehen […]. In der Konsequenz bedeutet dies, auf militärische Einsätze zu verzichten. […] In Ergänzung zu gewaltfreien Mitteln der Konfliktbearbeitung sind allein rechtsstaatlich kontrollierte polizeiliche Mittel ethisch legitim. In kriegsähnlichen Konfliktsituationen, die die nationalen Polizeikräfte überfordern, ist an internationale, durch das Völkerrecht legitimierte, z. B. den Vereinten Nationen unterstehende Polizeikräfte zu denken." (EKiBa 2013, S. 10)

Argumentativ stützen sie sich dabei stark auf die Positionen der Historischen Friedenskirchen.

3   Die Historischen Friedenskirchen als pazifistischer Gegenpol

Mit Historischen Friedenskirchen werden diejenigen Kirchen oder Gemeinschaften innerhalb des Protestantismus bezeichnet, die Wehrlosigkeit und Gewaltfreiheit zu den zentralen Merkmalen ihrer kirchlichen Identität zählen. „Historisch" werden sie genannt, weil ihre Traditionen weit in die Kirchengeschichte zurückreichen und eine direkte Linie zur urchristlichen Forderung des Gewaltverzichts erkennen lassen (vgl. Enns 2017, S. 363). Dabei waren die Friedenskirchen stets in einer Minderheitenposition und durch ihre radikalen Prinzipien vielfach staatlicher Gewalt und Verfolgung ausgesetzt. Das hat sowohl ihr Selbstverständnis als Kirche als auch ihr Verhältnis zum Staat geprägt. Zu ihnen zählen die Mennoniten, Quäker und die Kirche der Brüder (*Church of the Brethren*).[5] Alle drei Gemeinschaften verbindet heute ein weltweites Engagement für Kriegsopfer. Sie setzen sich für die Förderung internationaler Verständigung ein. Schließlich lehnen sie alle eine Beteiligung an Kriegen kategorisch ab, auch im Falle einer staatlichen Verpflichtung zum Militärdienst (vgl. Enns 2017, S. 363).

In Fragen militärischer Gewaltanwendung lassen sich drei Argumentationslinien ausmachen: theologische Begründungen, ethische Überzeugungen und Erfahrungswerte. Ausgangspunkt *theologischer Begründungen* ist der biblische Begriff des Schalom. Dieser wird vor allem verstanden als „Ganzsein" oder „Wohlsein". Er umfasst drei Aspekte: den Frieden mit Gott, den Frieden der Menschen untereinander sowie den Frieden mit und innerhalb der gesamten Schöpfung. Dabei gelte es, bereits im Hier und Jetzt und inmitten aller Unvollkommenheit der Welt dem Willen Gottes zu folgen und für Frieden, Gerechtigkeit und die Bewahrung der Schöpfung einzutreten (vgl. VDM 2009, S. 8).

Die von den Friedenskirchen vertretene *ethische Überzeugung der Gewaltfreiheit* leitet sich aus dem Glauben an Gott, dem Gebot der Nächstenliebe und dem Tötungsverbot ab. So könne Gewalt

---

5   Zu den theologischen Grundsätzen und Traditionen der Mennoniten, der Quäker und der Kirche der Brüder (*Church of the Brethren*) vgl. auch Lienemann (2000, S. 123ff.) sowie Enns (2012, S. 263ff.; 2017, S. 363ff.).

niemals als Mittel zum Zweck gerechtfertigt werden, auch nicht
zum Schutz anderen Lebens. Auf diese Weise würde man sich
anmaßen zu richten, welches Leben zu schützen sei und welches
geopfert werden könne (vgl. Enns 2017, S. 362). Das widerspreche
der christlichen Überzeugung, nach der menschliches Leben
unverfügbar sei. In diesem Sinne heißt es auch in der Erklärung
der Vereinigung der Deutschen Mennonitengemeinden zum gerechten Frieden:

> „Wir widersprechen der Anwendung kriegerischer Gewalt. Solche
> Gewaltanwendung kann niemals ein rechtmäßiges Mittel der
> Menschheit sein, also auch nicht das eines Staates, weil alle Men-
> schen nach dem Ebenbild Gottes geschaffen sind und ihre Würde
> deshalb unantastbar bleibt. Daher lehnen wir den Kriegsdienst
> ab und ermutigen uns gegenseitig zu zivilen Friedensdiensten."
> (VDM 2009, S. 11)

Zudem werden *Erfahrungswerte* in Anschlag gebracht. So lehre die
Erfahrung, dass eine Politik, die auf das militärische Instrument
als – wenn auch letztes – Mittel setzt, der Gewaltlogik verhaftet
bleibe. So gehe mit dem Militär notwendigerweise eine Legitimierung der Waffenproduktion, der Entwicklung neuer Technologien
sowie des Waffenexports einher (vgl. Enns 2017, S. 369). Auch
begrenze das militärische Instrument die ernsthafte Suche nach
alternativen gewaltfreien Möglichkeiten.

Das Ethos der Gewaltfreiheit beschränkt sich aber nicht nur
auf die Ablehnung militärischer Gewalt. Damit verbunden ist das
aktive Eintreten für Gerechtigkeit, dieses gelte als „Voraussetzung
zur Friedensstiftung" (Interview Enns 2017). Die Friedenskirchen
betreiben eine aktive Friedensarbeit. Diese soll alle Ebenen mit
einschließen: zwischen den einzelnen Individuen, in den Familien,
im unmittelbaren Umfeld wie am Arbeitsplatz oder in der Schule,
innerhalb von Gemeinden, in gesellschaftlichen und staatlichen

Institutionen, auf Regierungsebene sowie auf internationaler Ebene. Ziel ist es, Gewaltlogiken zu durchbrechen, Konflikte gewaltfrei zu bearbeiten und eine Kultur des Friedens aufzubauen (vgl. VDM 2009, S. 15).

Auf der Suche nach alternativen Wegen zur militärischen Gewaltanwendung haben Mennoniten auch die Idee des *Just Policing*, verstanden als gerechtes polizeiliches Handeln, in die friedensethische Debatte eingebracht (vgl. Schlabach 2007). Im Fokus dieses Konzepts steht das Ziel der Gewaltdeeskalation und Gewaltminimierung. So würden sich Polizeieinheiten aufgrund ihres Aufgabenprofils und ihrer Ausstattung deutlich vom Militär unterscheiden. Angestrebt werde nicht – so Fernando Enns (2013, S. 107) – ein „Sieg über andere", vielmehr gehe es darum, „gerechte win-win-Lösungen zu ermöglichen", und diese mit geringstmöglicher Zwangsausübung. Argumentativ geht dieser Vorschlag auf die Differenzierung von militärischer Gewalt als *violence* und polizeilicher Gewalt als Zwang im Sinne der *coercion* zurück (kritisch hierzu Werkner 2017).

4   US-amerikanische Kirchen zwischen gerechtem Krieg und gerechtem Frieden

Die US-amerikanischen Kirchen werden dagegen häufig in der Tradition des gerechten Krieges verortet. Dabei ist zwischen den jeweiligen kirchlichen Traditionen und Denominationen zu differenzieren. Im Gegensatz zu den europäischen Ländern, in denen eine christliche – die evangelische oder katholische – Konfession dominiert oder wie in Deutschland beide als Großkirchen präsent sind, ist die religiöse Landschaft in den USA überaus divers. Die protestantischen Kirchen lassen sich zunächst drei verschiedenen Traditionen zuordnen: (1) der evangelikalen Tradition, deren Vertreter sich stark auf die Autorität der Bibel berufen, (2) der *Main-line*-Tradition, die sich in einer moderaten bzw. liberalen Theologie ausdrückt, und (3) der *Historically Black Protestant*-Tradition mit starken historischen Bezügen insbesondere zur Sklaverei.[6] Zudem existieren in den USA zahlreiche Denominationen, insbesondere auch innerhalb des Protestantismus. Unter den Protestanten sind die Baptisten am stärksten vertreten: Dabei kommen einige baptistische Gemeinden aus der evangelikalen Tradition (wie die *Southern Baptist Convention*), andere gehören der *Mainline*-Tradition an (wie die *American Baptist Churches*) und wieder andere sind der *Historically Black Protestant Tradition* verbunden (wie die *National Baptist Convention*). Insgesamt identifizieren sich 60 Prozent der Baptisten mit der evangelikalen, 14 Prozent mit der *Mainline*- und 26 Prozent mit der *Historically Black Protestant*-Tradition. Allein diese exemplarischen Ausführungen zeigen die religiöse Komplexität auf. Diese spiegeln sich auch in den Differenzen und Divergenzen der US-amerikanischen Kirchen zu Fragen von Krieg und Frieden wider.

Folgend sollen die Positionen von drei US-amerikanischen Kirchen, die für verschiedene friedensethische Positionen stehen, exemplarisch in den Blick genommen werden:

---

6   Unter den US-amerikanischen Protestanten gehören 55 Prozent der evangelikalen, 32 Prozent der *Mainline*- und 14 Prozent der *Historically Black Protestant*-Tradition an. Dabei bezeichnen sich 83 Prozent der Evangelikalen und 72 Prozent der *Historically Black Protestants*, aber nur 27 Prozent der *Mainline*-Protestanten als „wiedergeborene" Christen (vgl. Pew Research Center 2015). Letztgenannte machen, i. d. R. ausgelöst durch individuelle Erweckungs- und Bekehrungserlebnisse, eine persönliche Beziehung zu Jesus Christus zur Grundlage ihres Christentums.

1. die *Southern Baptist Convention*: Sie stellt die größte baptistische und größte protestantische Konfession in den USA dar. In der Tradition des gerechten Krieges stehend beurteilte sie sogar den Irakkrieg als mit seinen Kriterien vereinbar;
2. die *American Baptist Churches*: Sie gehören zu den *Mainline*-Kirchen. Gleichfalls in der Tradition des gerechten Krieges stehend bewerten sie militärische Gewalt – im Gegensatz zur *Southern Baptist Convention* – deutlich kritischer; und
3. die *United Church of Christ*: Sie hat als weltweit erste Kirche den Begriff des gerechten Friedens geprägt und setzt sich aktiv für die Umsetzung dieses Konzeptes ein.

4.1   Die *Southern Baptist Convention* (SBC)

Mit ca. 15 Millionen Mitgliedern ist die *Southern Baptist Convention* nach dem Katholizismus die zweitgrößte Kirche und größte protestantische Gemeinschaft in den USA und insbesondere im Süden stark vertreten. Die SBC gehört der evangelikalen Tradition an. Sie gilt als theologisch und politisch konservativ. Erst 1995 kehrte sie sich in einer Entschließung offiziell vom Rassismus ab. Politisch ist ein Großteil ihrer Mitglieder den Positionen der Republikanischen Partei und seiner Präsidenten näher als denen der Demokraten (vgl. Lipka 2016). Auch sind sie weder im Baptistischen Weltbund noch im Ökumenischen Rat der Kirchen vertreten. Die SBC kritisiert diese Organisationen aufgrund ihrer liberalen Positionen und linkspolitischen Ausrichtung (vgl. Interview Darling 2017). Die friedensethischen Positionen der SBC zeichnen sich durch vier zentrale Charakteristika aus, die größtenteils auch im Widerspruch zum ÖRK und seinem Aufruf zum gerechten Frieden stehen: (1) das Verständnis eines Friedens durch Stärke, (2) eine prinzipielle Kritik am Pazifismus, (3) das Festhalten an der Lehre vom gerechten

Krieg und (4) die Annahme einer US-amerikanischen Sonderrolle (*American Exceptionalism*).

Frieden durch Stärke: Die SBC ist dem US-Militär gegenüber prinzipiell aufgeschlossen. Das zeigt sich unter anderem an der überproportionalen Vertretung von *Southern Baptists* im US-amerikanischen Militär. Generell gebe es im Süden – so Richard D. Land, der damalige Präsident der Kommission für Ethik und Religionsfreiheit der SBC (1988-2013) – eine größere militärische Tradition und stärkere Anerkennung des Militärdienstes als in anderen Regionen des Landes. Zudem ist die SBC mit 45 Prozent unter den protestantischen Militärgeistlichen der USA auch in der Militärseelsorge deutlich überrepräsentiert (vgl. Interview Land 2012). Damit einher geht eine grundsätzlich positive Einstellung bezüglich der Anwendung militärischer Gewalt, um Frieden zu schaffen und Gerechtigkeit durchzusetzen. Die SBC gilt als starker Befürworter der internationalen Schutzverantwortung. Menschen vor massiver Gewalt zu schützen, gehöre zu den zentralen Aufgaben der internationalen Gemeinschaft. Diese wird insbesondere auch im Sinne der militärischen Reaktion verstanden. Hier gebe es eine Mitverantwortung: Wenn man eingreifen kann und es nicht tut, mache man sich mitschuldig. Gegebenenfalls müssten die USA dann auch unilateral eingreifen.

Damit verbunden ist eine *prinzipielle Kritik am Pazifismus*. In der Bibel verweist zwar der hebräische Begriff des Schalom auf die Unversehrtheit und das Heil; er enthält die Vision einer Welt ohne Krieg und eines gerechten Friedens. Diese Zeit des Schalom sei allerdings – so die Argumentation führender Ethiker der SBC wie Russell Moore oder Daniel R. Heimbach – noch nicht angebrochen. Pazifistische Positionen im Hier und Jetzt zu verfolgen, liege im Bereich der Utopie, und das mache ihn problematisch. Vielmehr hätten die Regierungen die Verantwortung, Unschuldige zu schützen und das Übel einzudämmen, und müssten dazu gegebenenfalls als letztes Mittel Gewalt anwenden. So hätten auch die Alliierten 1945 mit Gewaltfreiheit Deutschland nicht von der Naziherrschaft befreien können. Pazifismus hätte hier nicht Frieden gebracht, sondern zu einem unermesslichen Grauen geführt. In diesem Sinne könne und müsse die Anwendung von Gewalt zur Verteidigung von Unschuldigen in der noch unvollkommenen Welt als ein Akt der Liebe interpretiert werden. Der Pazifismus berge hingegen die Gefahr, selbst ungerecht, egoistisch, unverantwortlich und amoralisch zu werden. Denn so achtbar es für den Einzelnen auch sei, seine Feinde zu lieben, auf Gewalt zu verzichten und gegebenenfalls sogar sein eigenes Leben zu opfern, werde es problematisch, wenn diese individuelle Ethik der selbstaufopfernden Liebe auf politisches Handeln, bei dem das Leben und Gut anderer beschädigt oder zerstört wird, übertragen wird (vgl. u. a. Moore 2016).

Die Lehre vom gerechten Krieg bildet die friedensethische Basis der SBC. Die Kommission für Ethik und Religionsfreiheit der *Southern Baptist Convention* hat speziell im Kontext des Irakkrieges eine intensive Debatte über die Kriterien, die sie zum Führen eines gerechten Krieges für notwendig erachtet, geführt. Generell bindet die SBC den gerechten Krieg stark biblisch zurück. Auffällig ist dabei der enge Bezug zu Römer 13, bei dem es um die Stellung zur staatlichen Gewalt geht. So heißt es dort: „Jedermann sei untertan der Obrigkeit, die Gewalt über ihn hat. Denn es ist keine Obrigkeit außer von Gott" (Römer 13,1). Dabei „trägt [sie] das Schwert nicht umsonst: sie ist Gottes Dienerin" (Römer 13,4). Mit dieser Fokussierung lässt sich dann auch militärische Gewalt – wenn keine zusätzliche Differenzierung bzw. Relativierung erfolgt[7] – relativ leicht legitimieren. Die Kriterien selbst entsprechen im

---

7   So schränkt die Apostelgeschichte 5,29 „Man muss Gott mehr gehorchen als den Menschen." Römer 13 zugleich auch ein.

Wesentlichen denen der klassischen Lehre vom gerechten Krieg.[8] Abgesehen vom gerechten Grund, der sehr weit gefasst wird,[9] ist es insbesondere das Kriterium der legitimen Autorität, das auf ein dezidiert anderes Verständnis der SBC verweist. So gelten nicht die Vereinten Nationen bzw. der UN-Sicherheitsrat als die rechtmäßige Instanz, einen militärischen Einsatz zu legitimieren (so hilfreich ein solches Votum auch sein möge), sondern die US-Regierung und der Kongress (vgl. Land 2002). Dieser Ansatz rechtfertigt dann auch ein unilaterales Vorgehen.

Hintergrund dieser Interpretation ist der *Amerikanische Exzeptionalismus* (*American Exceptionalism*) – eine Idee, der zufolge die USA eine Sonderstellung in der Welt einnehmen und an die ein Großteil der *Southern Baptists* glaubt. Danach hätten die USA eine „transzendente Bestimmung" (Chomsky 2016. S. 48). Mit dieser einher gehe die Verpflichtung und Verantwortung, sich weltweit für Freiheit einzusetzen. Indem sie ihr politisches und wirtschaftliches System auf andere Nationen übertragen, würden sie – so die Überzeugung – Gottes Werk verrichten (vgl. Kinzer 2006; Interview Land 2012).

Angesichts dieser vier zentralen Charakteristika wird der Einsatz des US-amerikanischen Militärs – von Irak über Afghanistan bis hin zu Syrien – durchgängig positiv bewertet. Die *Southern*

---

8   Die Lehre vom gerechten Krieg umfasst das Recht zum Krieg (*ius ad bellum*) mit den Kriterien gerechter Grund, legitime Autorität, rechte Absicht, letztes Mittel, Aussicht auf Erfolg und Verhältnismäßigkeit der Folgen sowie das Recht im Krieg (*ius in bello*), gemessen an der Verhältnismäßigkeit der Mittel und der Unterscheidung zwischen Kombattanten und Zivilisten.

9   Dieser beinhaltet nicht nur die unmittelbare Landesverteidigung. Nach der SBC kann ein gerechter Grund sehr viel mehr umfassen: die Bekämpfung des Terrorismus, der Kampf gegen internationale Kriminelle, die Gewährleistung der Religionsfreiheit oder auch die Sicherung menschlicher Entwicklung (vgl. Interview Darling 2017).

Baptist Convention war die einzige Kirche, die den Irakkrieg als
einen gerechten Krieg legitimierte (vgl. Bassil 2012, S. 34). Richard
D. Land (2002), Präsident der Kommission für Ethik und Religionsfreiheit der SBC, bedankte sich sogar in einem offenen Brief
beim damaligen US-Präsidenten George W. Bush und drückte ihm
explizit seine „große Anerkennung" für die „mutige, couragierte
und visionäre Führung" aus.

4.2   Die *American Baptist Churches* (ABC)

Die *American Baptist Churches*, vorwiegend im Norden des Landes
präsent, gehören zu den *Mainline-* und damit zu den theologisch
moderaten Kirchen in den USA. Mit ihren ca. 1,3 Millionen Mitgliedern stellen sie allerdings eine weitaus kleinere Glaubensgemeinschaft als die *Southern Baptist Convention* dar (weniger als
zehn Prozent der SBC). Im Gegensatz zur SBC sind sie stark in
ökumenischen Kontexten eingebunden: Sie sind sowohl Mitglied
im Baptistischen Weltbund als auch im Ökumenischen Rat der
Kirchen. Zu ihren bekanntesten Mitgliedern gehörte Martin
Luther King, der die ABC stark prägte – insbesondere mit seinem
Engagement gegen die Rassendiskriminierung in den USA.

Auch die *American Baptist Churches* stehen in der Tradition
des gerechten Krieges. Zwar sei Krieg prinzipiell ein Übel, aber
manchmal unvermeidbar, um ein noch größeres Übel zu verhindern. In Anwendung seiner Kriterien wird der gerechte Krieg
aber weitaus restriktiver gefasst. Ihre Positionen zur Anwendung
militärischer Gewalt unterscheiden sich deutlich von denen der
SBC. So nahmen sie im Irakkrieg eine dezidiert andere Haltung
ein. Roy Medley, der damalige Generalsekretär der ABC, war
Mitunterzeichner eines offenen Briefes, in dem die US-Regierung
und der Kongress aufgefordert wurden, sich nicht militärisch zu

engagieren und stattdessen multilaterale diplomatische Anstrengungen zu unternehmen (vgl. Interview Medley 2016). Auch im aktuellen Syrienkonflikt und im Kampf gegen den sogenannten Islamischen Staat beziehen die *American Baptists* eine andere Position als die SBC. Hier werden ebenfalls zuvorderst politische Lösungen und humanitäre Hilfe eingefordert. In mehreren offenen Briefen appellierten Roy Medley sowie weitere religiöse Vertreter an Barack Obama, keine Waffen zu liefern, sondern zu verhandeln. Denn militärisches Engagement würde den bereits brutal geführten bewaffneten Konflikt nur noch weiter eskalieren lassen und die Aussichten auf Verhandlungen für eine gerechte und nachhaltige Zukunft für alle Syrer schwächen (vgl. Medley et al. 2013, 2014).

Diese Ausrichtung geht auf ihr Grundsatzpapier zum Frieden aus dem Jahr 1985 zurück, zuletzt modifiziert im September 2007 (ABC 1985/2007). Auf der Basis des biblischen Friedensbegriffs des Schalom betont das ABC-Dokument die Aufgabe und Berufung von Christen, Friedensstifter zu sein und aktiv für Versöhnung und Gerechtigkeit einzutreten. Mit Verweis auf die *common humanity* seien Gegner als Mitmenschen zu betrachten und auch schwerwiegende und tiefgehende Konflikte mit allen verfügbaren friedlichen Mitteln zu lösen. Zugleich wird der Faktor der Kooperation und Zusammenarbeit stark gemacht. Das bedeutet, auf kirchlicher Ebene auf eine enge Zusammenarbeit in ökumenischen, aber auch interreligiösen Kontexten zu setzen. Im Politischen gelte es, die Vereinten Nationen zu stärken. Diese müsse mit hinreichender Autorität ausgestattet sein, Frieden zu erhalten und zu schaffen. In beiden Punkten würden die *Southern Baptists* nicht mitgehen. Einig sind sich beide Kirchen allerdings in ihrem Engagement gegen Nuklearwaffen. Diese können – da sie für Generationen die Menschheit vernichten würden – nie den Kriterien eines gerechten Krieges entsprechen. Diesbezüglich wird auch die Ankündigung des US-Präsidenten Donald Trump, das US-amerikanische Nuklearwaffenarsenal zu verstärken, (insbesondere von der ABC) sehr kritisch gesehen (vgl. Interview Buttry 2016). Des Weiteren sei – so das Grundsatzpapier der ABC – eine Ressourcenverlagerung von der Rüstung zu Programmen anzustreben, die es Menschen ermöglichen, die notwendigen Fähigkeiten und Ressourcen zu erwerben, um ihre Bedürfnisse zu befriedigen, und es Ländern gestatten, eine leistungsfähige Infrastruktur als Basis einer stabilen Gesellschaft aufzubauen.

Diese nur exemplarisch ausgeführten Positionen der ABC verweisen auf eine für den ökumenischen Diskurs interessante Konstellation: Die *American Baptists* nutzen den Begriff des gerechten Friedens nicht. Ihre ethischen Stellungnahmen verorten sie bewusst in der Tradition des gerechten Krieges. Dennoch umfasst Frieden für die ABC mehr als die Abwesenheit vom Krieg. So setzen sie sich zugleich für ein konstruktives *Peacemaking*, gewaltfreie Wege der Konfliktbearbeitung und die Bekämpfung der Gewaltursachen wie der Kampf gegen Armut ein. Angesichts dessen beinhalte für einige ABC-Vertreter der ökumenische Aufruf zum gerechten Frieden auch nichts Neues, sondern sei etwas, was die ABC seit langem bereits praktiziere (vgl. Interview Buttry 2016).

4.3   Die *United Church of Christ* (UCC)

Neben der Tradition des gerechten Krieges finden sich in den USA aber auch Positionen, die ausdrücklich das Konzept eines gerechten Friedens stark machen. Aufhorchen ließ in diesem Kontext die Rede des damaligen US-Präsidenten Barack Obama bei seiner Auszeichnung mit dem Friedensnobelpreis 2009 in Oslo. In dieser sprach er sich explizit – und das als Oberbefehlshaber der Streitkräfte eines Landes, das sich in jener Zeit inmitten zweier Kriege befand – für „die Gebote eines gerechten Friedens" aus. Seine dortigen Ausführungen zum gerechten Frieden lassen unmittelbar auf friedensethische Positionen der Kirche, der er selbst auch angehört(e), schließen – der *United Church of Christ*.

Die UCC, eine *Mainline*-Kirche mit ca. 900.000 Mitgliedern, kirchlich in der reformierten Linie stehend und als US-amerikanische Kirche friedensethisch aus der Tradition des gerechten Krieges kommend, war die erste Kirche weltweit, die diesen Begriff prägte. Seit 1985 bezeichnet sie sich offiziell als Kirche des gerechten Friedens (*Just Peace Church*). Ihre Ausrichtung und Argumentationen ähneln denen der Historischen Friedenskirchen. Auch hier findet der gerechte Frieden seinen Ausgangspunkt im biblischen Schalom. In seiner biblischen und theologischen Begründung verweist die UCC insbesondere auf das Schöpfungswirken Gottes, die versöhnende Kraft Jesu Christi sowie die Gegenwart des Heiligen Geistes (vgl. UCC 1985; 2015a, S. 5ff.; 2015b). Damit verbunden ist die prophetische Vision, Krieg abschaffen zu können, und die geteilte Hoffnung, dass Frieden möglich sei.

Die *United Church of Christ* definiert gerechten Frieden als die Wechselbeziehung von Freundschaft, Gerechtigkeit und gemeinsamer Sicherheit vor Gewalt. Dabei spricht sie sich explizit gegen die Institution des Krieges aus: Krieg kann und muss abgeschafft werden. Dahinter steht die prinzipielle Skepsis gegenüber militärischer Gewalt als Mittel, Frieden zu schaffen. Generell seien Konflikte – und zwar auf allen Ebenen: in Familien, Gemeinschaften und der Welt – *wenn möglich* ohne Gewalt zu lösen (vgl. UCC 2015b, Hervorh. d. Verf.). Das bedeute aber nicht zwingend, und darin unterscheidet sich die UCC von den Friedenskirchen, eine radikalpazifistische Haltung einzunehmen. Vielmehr gilt ihre Kritik der inneren Logik und Dynamik, die mit dem Militär als Mittel der Außenpolitik häufig verbunden ist, nämlich Streitkräfte bereits einzusetzen, noch bevor alle anderen Mittel wie Diplomatie oder Sanktionen ausgeschöpft sind. Letztlich könne es aber Ausnahmesituationen geben, in denen – zum Beispiel zum Schutz von Zivilisten (im Sinne der internationalen Schutzverantwortung) – eine militärische Reaktion gerechtfertigt sein könne (vgl. Interviews Neuroth 2012, 2017).

Zugleich werde der gerechte Frieden – so die UCC – aber auch missverstanden, wenn er als Mittelweg zwischen Pazifismus und gerechtem Krieg verstanden wird. Nach der *United Church of Christ* stellt er einen eigenständigen, vierten Weg dar (neben den anderen christlichen Ansätzen des Kreuzzuges, Pazifismus und gerechten Krieges[10]). Mit ihm wird ein grundlegender Paradigmenwechsel verbunden: Der Fokus aller Arbeit, Diskussionen und Energie gilt nicht mehr Fragen eines gerechtfertigten Krieges, sondern richtet sich auf den Frieden. Die UCC verweist – im Sinne eines *Just Peacemaking* – auf zehn Praktiken zur Abschaffung des Krieges.[11] Diese umfassen:

- die Unterstützung gewaltfreier Aktionen,
- das Ergreifen unabhängiger Initiativen zum Abbau von Bedrohungen,
- die Anwendung kooperativer Konfliktlösungen,
- die Anerkennung der Verantwortung für Konflikte und Ungerechtigkeiten sowie die Suche nach Buße und Vergebung,
- die Förderung von Demokratie, Menschenrechten und Religionsfreiheit,
- die Förderung einer gerechten und nachhaltigen wirtschaftlichen Entwicklung,

---

10 Diese historischen christlichen Ansätze führen explizit auch die *American Baptists* (ABC 1985/2007) auf, während die Sichtweise auf den Kreuzzug als feste christliche Traditionslinie der deutschen Debatte eher fremd ist.

11 Diese sind von Glen Stassen (1998), einem *American Baptist*, entwickelt worden.

- die Zusammenarbeit mit neuen, die Kooperation im internationalen System fördernden Kräften,
- die Stärkung der Vereinten Nationen und internationale Anstrengungen zur Verwirklichung von Kooperation und Menschenrechten,
- die Reduzierung offensiver Waffensysteme und des Waffenhandels sowie
- die Förderung von Friedensinitiativen von Basisgruppen und freiwilligen Vereinigungen (vgl. UCC 2015b).

Vor diesem Hintergrund wird auch die US-amerikanische Außen- und Sicherheitspolitik kritisch reflektiert. So hat sich die *United Church of Christ* in Stellungnahmen und offenen Briefen an die US-Regierung – ganz im Gegensatz zur *Southern Baptist Convention* – gegen alle großen Militäreinsätze der letzten Jahre ausgesprochen: vom Irakkrieg über den Afghanistaneinsatz bis hin zum militärischen Engagement gegen den Islamischen Staat.

5 Die Russisch-Orthodoxe Kirche zwischen „Kreuz und Kreml"[12]

In Russland wie in vielen anderen orthodox dominierten Ländern bestehen traditionell – und ungeachtet der in der Regel existierenden Trennung von Staat und Kirche – enge Beziehungen zwischen Kirche und Staat bzw. Kirche und Nation. In diesem Sinne heißt es auch in der Sozialdoktrin der Russisch-Orthodoxen Kirche:[13]

---

12 Die Überschrift steht in Anlehnung an Thomas Bremers Titel „Kreuz und Kreml. Geschichte der orthodoxen Kirche in Russland" (2016).

13 Mit der Sozialdoktrin der Russisch-Orthodoxen Kirche aus dem Jahre 2000 wurde erstmals im orthodoxen Raum eine umfassende Soziallehre konzipiert.

„Der Patriotismus des orthodoxen Christen soll tätig sein. Er äu
ßert sich in der Verteidigung des Vaterlands gegen den Feind, in
der Arbeit zum Wohle der Heimat, im Einsatz für das öffentliche
Leben, einschließlich der Teilnahme an den Angelegenheiten der
Staatsverwaltung. Der Christ ist dazu aufgefordert, die nationale
Kultur und das nationale Selbstbewußtsein zu wahren und weiterzuentwickeln." (ROK 2000, II.3)

Gleichfalls dürften Menschenrechte nicht den Werten und Interessen des Vaterlandes entgegengestellt werden (ROK 2008, III).
Dabei wird der Patriotismus biblisch aus dem Johannesevangelium
(Johannes 15,13) hergeleitet: „Es gibt keine größere Liebe, als wenn
einer sein Leben für seine Freunde hergibt." Dieser starke Patriotismus der Russisch-Orthodoxen Kirche ist selbst innerhalb der
Orthodoxie nicht unumstritten: „Bei aller Legitimität der Interessen
einer Nation – warum muss sich die Kirche mit diesen nationalen
Interessen identifizieren?" – so beispielsweise der griechisch-orthodoxe Theologe Georgios Vlantis (Podiumsdiskussion 2013, S. 69).
    Die Sozialdoktrin geht auch explizit auf das Verhältnis der
Russisch-Orthodoxen Kirche zum Staat ein. Mit explizitem Bezug
auf Römer 13 verlangt sie von ihren Gläubigen, dem Staat gegenüber Gehorsam zu leisten und für ihn zu beten – unabhängig von
den Überzeugungen und Glaubensbekenntnissen seiner Träger.
Zugleich haben die Gläubigen den Staat – da dieser irdisch und
vergänglich sei – aber auch nicht zu verabsolutieren. Dabei verweist
die Russisch-Orthodoxe Kirche auf das byzantinische Modell und
Ideal der *Symphonia*. Dieses meint den „Zusammenklang" bzw.
„Gleichklang" von Staat und Kirche: Beide Institutionen werden „als
unterschiedliche Erscheinungsformen ein und derselben Wirklichkeit angesehen" (Bremer 2016, S. 116). Das beinhaltet eine gegenseitige Unterstützung, Verantwortung und Zusammenarbeit. Es betont
zugleich aber auch die Eigenständigkeit und Ebenbürtigkeit beider

Institutionen. Das schließt die gegenseitige Nichteinmischung in die Kompetenzbereiche und inneren Angelegenheiten des anderen mit ein. Auf dieses Modell lässt sich dann auch die häufig zu beobachtende staatsloyale Haltung der Russisch-Orthodoxen Kirche zurückführen (vgl. Gerogiorgakis 2013). Rechtlich drückt es sich in der hervorgehobenen Stellung der orthodoxen Kirche gegenüber anderen Religionsgemeinschaften aus: im Religionsgesetz von 1997 oder auch in den jüngsten Tendenzen des russischen Staates, die missionarischen Aktivitäten von Religionsgemeinschaften ohne staatliche Registrierung einzuschränken.

Die Positionen der Russisch-Orthodoxen Kirche zu Krieg und Frieden basieren stark auf einer theologischen Anthropologie, d. h. auf der Lehre vom christlichen Menschenbild, die nach dem Wesen des Menschen in der Welt und seiner Bestimmung vor Gott fragt. Ausgehend von dem Bösen im Menschen hätten Kriege „die Menschheit in ihrer gesamten Geschichte seit dem Sündenfall begleitet" (ROK 2000, VIII.1). Dabei wird zwar dem Krieg eine klare Absage erteilt: „Der Krieg ist Böses. Der Grund des Krieges, wie überhaupt des Bösen im Menschen, liegt im sündhaften Missbrauch der gottgegebenen Freiheit" (ROK 2000, VIII.1). Im Sinne der explizit aufgeführten Kriterien der auf Augustinus zurückgehenden Lehre vom gerechten Krieg heißt es aber auch:

> „Trotz der Erkenntnis des Krieges als Böses verbietet die Kirche ihren Kindern nicht, sich an Kampfhandlungen zu beteiligen, solange ihr Zweck die Verteidigung des Nächsten sowie die Wiederherstellung verletzter Gerechtigkeit ist. In solchen Fällen gilt der Krieg als unerwünschtes, allerdings unumgängliches Mittel." (ROK 2000, VIII.2)

Danach sei Krieg zwar ein Übel, aber unvermeidbar. Auch der Verzicht auf die Idee des gerechten Krieges sei – selbst wenn Krieg die höchste Form von Gewalt und Grausamkeit darstellt – inakzeptabel und unmöglich. Hier verweisen Vertreter der Russisch-Orthodoxen Kirche beispielhaft auf den Großen Vaterländischen Krieg (vgl. Interview Metropolit Hilarion 2012; Interview Vasyutin 2012). Die Soldaten erfahren in der russischen Orthodoxie höchste Wertschätzung, geben sie ihr Leben für den Nächsten und das Vaterland.

Der Begriff des gerechten Friedens findet sich in der Sozial-doktrin der Russisch-Orthodoxen Kirche, die explizit ein Kapitel zu Krieg und Frieden enthält, nicht. Für die Russisch-Orthodoxe Kirche stelle dieser eine friedenspolitische Utopie dar:

> „Diese Welt, die dem Bösen verfallen ist, kann Frieden nicht aus eigener Kraft schaffen – egal, welche Friedenskonzepte sie auszuarbeiten versucht –, denn das Böse gehört zu ihrem Wesen. […] Wir Christen sind aufgerufen, der Welt […] deutlich zu machen, dass sie weder durch Fortschritt noch Rationalismus *noch verschiedene Konzepte des ‚gerechten Friedens'* auf diesen Weg gelangt." (Hilarion 2011, Hervorh. d. Verf.)

Diese Positionierung ist stark eschatologisch geprägt. Gerechter Frieden wird hier nicht im Sinne einer politischen Ethik gesehen, sondern vorrangig theologisch gefasst. Im orthodoxen Denken geht es nur mittelbar um den Frieden in der Welt, im Fokus steht der innere Frieden und das Heil des Menschen. Ein äußerer Frieden sei ohne den inneren nicht denkbar. Prinzipiell unterscheidet die Russisch-Orthodoxe Kirche drei Ebenen des Friedens: (1) den Frieden mit Gott als höchstes Ziel, (2) den Frieden des Menschen mit der eigenen Seele und (3) als unterste Stufe den Frieden zwischen den Menschen (vgl. Overmeyer 2006, S. 122). Das macht den Unterschied zu westlichen Konzeptionen deutlich. Für orthodoxe Kirchen ist Frieden „immer *erheblich* mehr als die Abwesenheit von Krieg" (Overmeyer 2006, S. 124, Hervorh. d. Verf.). Im Zentrum der Aufmerksamkeit steht die spirituelle Dimension, der Frieden in der Welt ist nachgeordnet. Vor diesem Hintergrund wird der

Friedensdienst der Kirche vor allem darin gesehen, das „göttliche Versöhnungsangebot zu verkünden und den Menschen zu ermöglichen, in seinen ursprünglichen Zustand, den Frieden mit Gott, zurück zu gelangen" (Overmeyer 2006, S. 123).

6   Ausblick: Konvergenzen – Differenzen – Divergenzen

Eine ökumenische Friedensethik wie sie der Theologe Wolfgang Lienemann für das 21. Jahrhundert einfordert, ist durch fortwährende Kontroversen um die Anwendung militärischer Gewalt herausgefordert. Hier lassen sich Differenzen nicht nur zwischen den verschiedenen friedensethischen Traditionen – dem Pazifismus, der Lehre vom gerechten Krieg und dem Leitbild des gerechten Friedens – feststellen. Diese finden sich auch innerhalb der in der Tradition des gerechten Krieges stehenden Kirchen, wie die diametral entgegengesetzten Prinzipien der *Southern Baptist Convention* und der *American Baptist Churches* zeigen, wie auch im Rahmen des gerechten Friedens bei Debatten um humanitär begründete militärische Interventionen. Dabei müssen sich auch Vertreter des gerechten Friedens fragen lassen, inwieweit dieser noch zu sehr der Logik des Krieges verhaftet bleibt.

Erschwerend kommt hinzu, dass das Verhältnis von gerechtem Krieg und gerechtem Frieden noch weitgehend ungeklärt ist. Die im EKD-Konzept des gerechten Friedens formulierte Abkehr von der Lehre vom gerechten Krieg ist nicht widerspruchsfrei. So greift die Friedensdenkschrift im Rahmen ihrer rechtserhaltenden Gewalt auf die Kriterien des gerechten Krieges zurück, ohne diese in einen neuen Begründungszusammenhang zu stellen. Zugleich ist zu konstatieren, dass Kirchen, die sich in der Traditionslinie des gerechten Krieges befinden – und dafür stehen beispielsweise die

American Baptist Churches –, durchaus den Vorrang gewaltfreier Lösungen bejahen und auch breite Friedenskonzepte verfolgen, sich aber bei der ethischen Bewertung militärischer Gewaltanwendung nach wie vor auf die *bellum iustum*-Lehre und ihre – stets fortentwickelten[14] – Kriterien beziehen.

Schwerer für eine ökumenische Friedensethik dürften die Divergenzen im kirchlichen Selbstverständnis wiegen. So entzieht sich ein stark eschatologisch geprägtes Friedensverständnis – wie es in der Orthodoxie anzutreffen ist – ganz prinzipiell dem Anspruch einer politischen Ethik westlicher Prägung. Hier unterscheiden sich – so Alexander Vasyutin vom Außenamt des Moskauer Patriarchats (2012, S. 270f.) – Genre und Bestimmungsort (ekklesiologisch vs. gesellschaftspolitisch), Sprache (theologisch vs. politisch), Adressaten (pastorale vs. Regierungsarbeit), Ziele (Richtlinien für die pastorale Arbeit vs. weltweite Anerkennung und Anwendung friedensethischer Konzepte) sowie Methodik und Ansatz (Reflexion ohne Anspruch, zu einem Kirchengesetz zu werden, vs. Berufung auf das Völkerrecht). In der Konsequenz entfällt dann in orthodoxen Kontexten auch jegliche korrektive Funktion – insbesondere gegenüber dem Agieren und der militärischen Gewaltanwendung der eigenen Regierungen.

---

14 So ist beispielsweise auch bei der ABC die Bindung an das internationale Recht durch den Verweis auf die Vereinten Nationen als die alleinige legitime Autorität gegeben.

Literatur

American Baptist Churches. ABC. 1985/2007. American Baptist Policy Statement on Peace, 7037:12/85, modifiziert durch den Exekutivausschuss des Generalgremiums im September 2007. http://www.abc-usa.org/policy-statements-and-resolutions/. Zugegriffen: 29. August 2017.

Bassil, Youssef. 2012. The 2003 Iraq War: Operations, Causes, and Consequences. *Journal of Humanities and Social Science* 4 (5): 29-47.

Bremer, Thomas. 2016. *Kreuz und Kreml. Geschichte der orthodoxen Kirche in Russland*. 2. Aufl. Freiburg: Herder Verlag.

Chomsky, Noam. 2016. *Wer beherrscht die Welt?* Berlin: Ullstein.

Die deutschen Bischöfe. 2000. *Gerechter Friede*. Bonn: Sekretariat der Deutschen Bischofskonferenz.

Enns, Fernando. 2012. Ökumene und Frieden. Bewährungsfelder ökumenischer Theologie. Neukirchen-Vluyn: Neukirchener Verlagsgesellschaft.

Enns, Fernando. 2013. Gerechter Frieden zwischen Interventionsverbot und Schutzgebot. Das ethische Dilemma der Gewaltanwendung. In *Menschen geschützt – gerechten Frieden verloren? Kontroversen um die internationale Schutzverantwortung in der christlichen Friedensethik*, hrsg. von Ines-Jacqueline Werner und Dirk Rademacher, 95-109. Münster: LIT.

Enns, Fernando. 2017. Der gerechte Frieden in den Friedenskirchen. In *Handbuch Friedensethik*, hrsg. von Ines-Jacqueline Werner und Klaus Ebeling, 361-376. Wiesbaden: Springer VS.

Evangelische Kirche in Baden (EKiBa). (Hrsg.). 2013. *„Richte unsere Füße auf den Weg des Friedens" – ein Diskussionsbeitrag aus der Evangelischen Landeskirche in Baden*. Karlsruhe: EKiBa.

Evangelische Kirche in Deutschland (EKD). 2007. *Aus Gottes Frieden leben – für gerechten Frieden sorgen. Eine Denkschrift des Rates der EKD*. Gütersloh: Gütersloher Verlagshaus.

Gerogiorgakis, Stamatios. 2013. Symphonie für große Trommeln und kleines Triangel: Staat und Orthodoxes Christentum. In Öffentliche Religionen in Österreich. Politikverständnis und zivilgesellschaftliches Engagement, hrsg. von Jürgen Nautz, Kristina Stöckl und Roman Siebenrock, 175-186. Innsbruck: Innsbruck University Press.

Hilarion, Metropolit von Volokolamsk. 2011. *Ansprache auf dem Eröffnungsplenum der Friedenskonvokation in Kingston/Jamaika am 18. Mai 2011*. Kingston/Jamaika: ÖRK.

Hoppe, Thomas und Ines-Jacqueline Werkner. 2017. Der gerechte Frieden:
    Positionen in der katholischen und evangelischen Kirche in Deutsch-
    land. In *Handbuch Friedensethik*, hrsg. von Ines-Jacqueline Werkner
    und Klaus Ebeling, 343-359. Wiesbaden: Springer VS.
Kinzer, Stephen. 2006. *Overthrow: America's Century of Regime Change
    from Hawaii to Iraq*. New York: Times Books.
Land, Richard D. 2002. Brief an den US-amerikanischen Präsidenten
    George W. Bush vom 3. Oktober 2002. http://www.drrichardland.com/
    press/entry/the-so-called-land-letter. Zugegriffen: 28. August 2017.
Lienemann, Wolfgang. 2000. *Frieden*. Göttingen: Vandenhoeck & Ru-
    precht.
Lipka, Michael. 2016. U.S. Religious Groups and their Political Lean-
    ing. In *Religious Landscape Study*. http://www.pewresearch.org/fact-
    tank/2016/02/23/u-s-religious-groups-and-their-political-leanings/.
    Zugegriffen: 28. August 2017.
Medley, Roy et al. 2013. Brief an den US-amerikanischen Präsidenten
    Barack Obama vom 31. Juli 2013. https://umc-gbcs.org/faith-in-action/
    faith-leaders-concerned-about-syria. Zugegriffen: 28. August 2017.
Medley, Roy et al. 2014. Brief an den US-amerikanischen Präsidenten
    Barack Obama vom 25. April 2014. http://archives.forusa.org/blogs/
    for/for-20-groups-obama-increase-engagement-syria/12935. Zuge-
    griffen: 28. August 2017.
Moore, Russell. 2016. What does the Gospel teach us about War? http://
    www.russellmoore.com/2016/05/30/what-does-the-gospel-teach-us-
    about-war/. Zugegriffen: 28. August 2017.
Ökumenischer Rat der Kirchen, Studienkommission (Hrsg.). 1948. *Die
    Unordnung der Welt und Gottes Heilsplan*. Bd. IV. Tübingen: Fur-
    che-Verlag und Stuttgart: Ev. Verlagswerk.
Ökumenischer Rat der Kirchen. 2006. *Gefährdete Bevölkerungsgruppen:
    Erklärung zur Schutzpflicht*. Porte Alegre: ÖRK.
Overmeyer, Heiko. 2006. Friedensethik aus orthodoxer Sicht: Das Beispiel
    der russischen Orthodoxie. *Una Sancta. Zeitschrift für ökumenische
    Bewegung* 61 (2): 120-128.
Pew Research Center. 2015. America's Changing Religious Landscape.
    http://www.pewforum.org/2015/05/12/americas-changing-religi-
    ous-landscape/. Zugegriffen: 28. August 2017.
Podiumsdiskussion. 2013. Der gerechte Frieden – interkonfessionell
    diskutiert. In *Menschen geschützt – gerechten Frieden verloren? Kont-*

roversen um die internationale Schutzverantwortung in der christlichen Friedensethik, hrsg. von Ines-Jacqueline Werkner und Dirk Rademacher, 59-76. Münster: LIT.

Russisch-Orthodoxe Kirche (ROK), der Bischöfliche Jubiläumssynod. 2000. *Die Grundlagen der Sozialdoktrin der Russisch-Orthodoxen Kirche* (Übersetzung der Konrad-Adenauer-Stiftung). Moskau: ROK.

Russisch-Orthodoxe Kirche (ROK), Moskauer Patriarchat. 2008. *Die Grundlagen der Lehre der Russischen Orthodoxen Kirche über die Würde, die Freiheit und die Menschenrechte* (Übersetzung der Konrad-Adenauer-Stiftung). Moskau: ROK.

Schlabach, Gerald W. (Hrsg.). 2007. *Just Policing. Not War. An Alternative Response to World Violence.* Collegeville, Minnesota: Liturgical Press.

Stassen, Glen H. (Hrsg.). 1998. *Just Peacemaking: Ten Practices for Abolishing War.* Cleveland: Pilgrim Press.

Tveit, Olav Fykse. 2013. Starker Fürsprecher auf der Weltebene. Interview, geführt von Kathrin Jütte und Jürgen Wandel am 13. März 2013. http://www.zeitzeichen.net/interview/perspektiven-des-weltkirchenrats/. Zugegriffen: 14. Juli 2017.

United Church of Christ (UCC). 1985. Pronouncement on Affirming the United Church of Christ as a Just Peace Church. http://d3n8a8pro7vhmx.cloudfront.net/unitedchurchofchrist/legacy_url/6544/Just-Peace-Church-Pronouncement.pdf?1418431416. Zugegriffen: 28. August 2017.

United Church of Christ (UCC). 2015a. Just Peace Church Handbook. http://www.uccfiles.com/pdf/just-peace-handbook-06-2015.pdf. Zugegriffen: 28. August 2017.

United Church of Christ (UCC). 2015b. Resolution Marking the Thirtieth Anniversary of the Just Peace Pronouncement by Recommitting Ourselves to be a Just Peace Church. http://uccfiles.com/pdf/11-RES-OLUTION-MARKING-THE-THIRTIETH-ANNIVERSARY-OF-THE-JUST-PEACE-PRONOUNCEMENT-BY-RECOMMITTING-OURSELVES-TO-BE-A-JUST-PEACE-CHURCH.pdf. Zugegriffen: 28. August 2017.

Vasyutin, Alexander. 2012. Understanding the Concept of Just Peace in the Contemporary Teaching of the Russian Orthodox Church. In *Just Peace. Orthodox Perspectives*, hrsg. von Semegnish Asfaw, Alexios Chehadeh und Marian Simion, 261-272. Genf: ÖRK Publikationen.

Vereinigung der Deutschen Mennonitengemeinden (VDM). 2009. „*Richte unsere Füße auf den Weg des Friedens*". *Erklärung zum gerechten*

Frieden im Rahmen der ökumenischen Dekade zur Überwindung von Gewalt. Hannover: VDM.

Werkner, Ines-Jacqueline. 2017. Just Policing. Eine Alternative zur militärischen Intervention? *epd-Dokumentation* Nr. 22 vom 30. Mai 2017, 4-86.

Werkner, Ines-Jacqueline. 2018. *Gerechter Frieden. Das fortwährende Dilemma militärischer Gewalt.* Bielefeld: Transcript.

Interviews

Dan Buttry, International Ministries der ABC, Berater für Frieden und Gerechtigkeit, 23. Dezember 2016.

Dan Darling, Vizepräsident für Kommunikation der Kommission für Ethik und Religionsfreiheit der SBC, 12. Januar 2017.

Fernando Enns, Leiter der Arbeitsstelle „Theologie der Friedenskirchen" an der Universität Hamburg und stellv. Vorsitzender der Arbeitsgemeinschaft Mennonitischer Gemeinden in Deutschland, 9. Februar 2017.

Hilarion, Metropolit von Volokolamsk, Leiter des Außenamtes des Moskauer Patriarchats, 9. Oktober 2012.

Richard D. Land, Präsident der Kommission für Ethik und Religionsfreiheit der SBC (1988-2013), 24. Juli 2012.

Ron Medley, Generalsekretär der ABC in den USA, 29. Dezember 2016.

Michael Neuroth, Policy Advocate for International Issues in the UCC's Justice and Witness Ministries' Office, 31. August 2012 und 31. Januar 2017.

Alexander Vasyutin, Priester der Russisch-Orthodoxen Kirche und Mitarbeiter des Außenamtes des Moskauer Patriarchats, 3. August 2012.

Diskurse um militärische Gewalt – keine einfachen Antworten in der Bibel und den Konfessionen

Ines-Jacqueline Werkner

1 Einleitung

Fragen nach der Legitimität militärischer Gewalt gehören zu den Kernfragen friedensethischer Debatten. So erweist sich militärisches Handeln per se als problematisch, ist es durch das, was unter Menschen nicht sein soll, bestimmt: durch Gewalt (vgl. Ebeling 2006, S. 9). Dabei zeigen sich die biblischen Schriften wie auch die kirchlichen Traditionen als äußerst divers. Einerseits gilt Frieden und Gerechtigkeit als zentrale Botschaft der Bibel und wesentliche Aufgabe der Kirchen. Andererseits finden sich in den biblischen Schriften – wie in allen anderen Religionen – aber auch zahlreiche Gewaltbezüge, sogar explizite Aufrufe zur Gewalt. Diese Konstellation fordert grundlegende Analysen heraus, die sich der vorliegende Band zur Aufgabe gemacht hat. Dabei geben die Beiträge Einblicke in die Komplexität und Ambivalenz der Gewaltthematik.

2   Zur Ambivalenz erfahrener Gewalt

Gewalt stellt nicht nur einen schwer fassbaren, vieldeutigen und mehrdimensionalen Begriff dar, er ist auch in hohem Maße ambivalent, und das in doppelter Hinsicht: Gewalt kann einerseits der Zerstörung wie der Herstellung und Begründung sozialer Ordnungen dienen (als klassisches positiv konnotiertes Beispiel gilt hier die Befreiung Deutschlands von der Naziherrschaft); andererseits kann sie Ausdruck sowohl der Gefährdung und Vernichtung von Leben als auch der Rettung desselben sein (ein Beispiel für Letzteres stellt die Befreiung von Geiseln dar). Damit sind sowohl kollektive als auch individuelle Ausprägungen von Gewalt angesprochen (vgl. Endreß und Rampp 2017, S. 164). Der Beitrag von Daniel Meßelken in diesem Band zeigt mithilfe etymologischer Konkretionen und typologischer Differenzierungen verschiedenen Phänomene, Verwendungsweisen und Funktionen von Gewalt auf. So kann Gewalt einerseits im Sinne der Amts- und Staatsgewalt (*potestas*) als ein „Kompetenzbegriff" fungieren. Andererseits kann der Begriff als „Aktionsbegriff" auf die physische Gewaltanwendung (*violentia*) fokussieren. Im staatlichen Gewaltmonopol kommen aber auch beide Gewaltmomente (*potestas* und *violentia*) zusammen:

> „Im Begriff des ‚Gewaltmonopols' spielen ‚potestas' und ‚violentia' ineinander: Gerade in der Befugnis des Staates, den Willen Einzelner notfalls mit physischer Kraft – und damit gewaltsam im Sinne der violentia – zu brechen, kommt seine herrschaftliche Gewalt – im Sinne der potestas – zum Ausdruck" (Gerhardt 1999, S. 211).

Nicht erst das Ineinandergreifen beider Gewaltbegriffe, bereits die physische bzw. körperliche Gewalt im Sinne der *violentia* erweist sich als divers. Ihre negative Konnotation ergibt sich nach Meßelken vor allem aus der Schädigungsintention. So würden medizinische Eingriffe, auch wenn sie de facto eine Verletzung darstellen (wie z. B. der Luftröhrenschnitt), in der Regel nicht als gewalttätige Akte angesehen werden. In diesem Sinne lässt sich dann auch Martin Luthers Versuch in seiner Kriegsleuteschrift lesen, das Kriegshandwerk mit dem Wirken eines guten Arztes zu vergleichen:

> „Man muß beim Kriegsamt nicht ansehen, wie es würgt, brennt, schlägt und fängt usw. Denn das tun die kurzsichtigen, einfältigen Kinderaugen, die dem Arzt nur bis dahin zusehen, wie er die Hand abhaut oder das Bein absägt, sehen aber oder erkennen nicht, dass ihm darum zu tun ist, den ganzen Leib zu retten. Ebenso muss man auch dem Kriegs- oder Schwertamt zusehen mit männlichen Augen, warum es so würgt und greulich handelt: So wird es sich selbst erweisen, dass es ein Amt ist, das an sich selbst göttlich und der Welt so nützlich und nötig ist wie Essen und Trinken oder sonst ein anderes Werk" (Luther 1995 [1526], S. 177).

Des Weiteren kommt dem Aspekt des Zwanges als eine Form der Willensbeugung und Einschränkung der Autonomie eine entscheidende Rolle zu. Fehlt dieser, wird auch bei Vorliegen einer eindeutigen Schädigungsintention nicht zwingend von Gewalt gesprochen. So gelten selbst brutale Faustschläge nicht in jedem Fall als Körperverletzung; ganz im Gegenteil: Im Rahmen eines Boxkampfes werden diese als sportlich fair bewertet. Und die körperliche Schädigung, die von Sportlern im Boxkampf als Folge hingenommen wird, kann in schlagenden Verbindungen sogar noch positiv – mit Gefühlen des Stolzes – konnotiert sein. Hier spielen zugleich kulturelle Vorstellungen, Traditionen sowie vorherrschende Normen und Werte mit hinein. Auf Makroebene verbindet sich die Gewaltthematik so auch mit Aspekten der politischen Kultur eines Landes, denen auch kirchliche Diskurse unterliegen.

Letztlich hängt die Bewertung erfahrener Gewalt auch davon ab, ob Gewalt als eine *conditio humana* angesehen wird oder als überwindbar gilt. In der Bibel komme Gewalt – so die These

von Torsten Meireis in diesem Band – „als in Gottes Handeln
überwundene Größe" in den Blick. Das eröffnet verschiedene
Interpretationsmöglichkeiten: Einerseits könne das eschatologische Moment der Bindung der Gewaltüberwindung an das Reich
Gottes irdische Gewalt als anthropologische Grundkonstante
erscheinen lassen. Andererseits könne daraus in Anlehnung an
die Argumentation von Meireis die im menschlichen Handeln
zu überwindende Gewaltoption folgen. Jedenfalls spricht auch
völkerrechtlich mit der Kriegsächtung und dem Gewaltverbot
der Vereinten Nationen oder auch mit der Europäischen Union
als eine Friedensordnung nach innen vieles dafür, Gewalt nicht
als dem Menschen Inhärentes zu begreifen.

3   Zur Ambivalenz des biblischen Rückgriffs

Biblische Texte werden zur Legitimierung wie Delegitimierung
(militärischer) Gewalt herangezogen. Sowohl Vertreter der Lehre
vom gerechten Krieg als auch christliche Pazifisten leiten ihre
Argumentationen biblisch ab. Dies ist kein ausschließlich christli-
ches, sondern ein originär religiöses Phänomen. R. Scott Appleby
(2000) prägte in diesem Kontext den Terminus der „Ambivalenz
des Religiösen". In der Friedens- und Konfliktforschung hat dieser
ambivalente Befund zu drei Erklärungsansätzen geführt (vgl. u. a.
Rittberger und Hasenclever 2000; Fox und Sandler 2006; Werkner
2011): Während die einen Religion als genuine Konfliktursache
ansehen (Primordialisten), betrachten andere säkulare Konflikte
als ausschlaggebend und sehen Religion eher als Mobilisierungs-
ressource und „Brandbeschleuniger" an (Instrumentalisten). Wiederum andere versuchen, das spezifische Gut von Religion für
Friedensprozesse nutzbar zu machen (Konstruktivisten). Einig ist
man sich jedoch in der grundlegenden Ambivalenz von Religionen

im Hinblick auf die Gewaltthematik. Diese werde durch einen den Religionen inhärenten Dualismus möglich. So werde die Verheißung von Frieden, Liebe, Gerechtigkeit und Erlösung häufig von Gewalt- und Strafandrohungen flankiert. Diese richten sich zum einen an die eigene Glaubensgemeinschaft bei Nichtbeachtung der göttlichen Gebote, zum anderen nach außen im Sinne einer Abgrenzungsbewegung. Damit einher gehe ein zumeist hoher Interpretationsspielraum der heiligen Schriften, bedingt durch den langen Entstehungszeitraum der Schriften einschließlich der darin enthaltenen unterschiedlichen Lebenserfahrungen (vgl. Hildebrandt 2005, S. 17ff.). Erst komplexe hermeneutische Deutungen, die die verschiedenen Leitperspektiven, Ebenen und Bedeutungselemente in die Analyse einbeziehen, können – so Torsten Meireis in seinem Beitrag – eine Rekonstruktion des theologischen Gewaltdiskurses und eine sachgerechte Auseinandersetzung im Umgang mit Gewalt ermöglichen. Jeder direkte, literale Bezug auf heilige Schriften, sei es zur Legitimierung oder auch zur Delegitimierung von Gewalt, muss dagegen zu einem Fundamentalismus tendieren.

4 Zur Diversität kirchlicher Gewaltdiskurse

Auch kirchliche Gewaltdiskurse erweisen sich als durchaus divers. Diese sind zum einen unterschiedlichen theologischen Traditionen geschuldet. Das lässt sich beispielhaft am Vergleich der lutherischen und reformierten Tradition aufzeigen (vgl. Beitrag von Marco Hofheinz in diesem Band). So prägen die lutherische Zwei-Reiche- bzw. Zwei-Regimenten-Lehre und die von Karl Barth entwickelte und auf die Christologie von Johannes Calvin zurückgehende reformierte Lehre von der Königsherrschaft Christi bis heute in unterschiedlicher Weise die friedensethischen Debatten der evangelischen Kirche in Deutschland: von der Wiederbewaffnung

Deutschlands über die atomare Frage bis hin zu den gegenwärtigen
Kontroversen um militärische Interventionen und die internationale Schutzverantwortung.

Zum anderen sind es in hohem Maße gesellschaftliche und
politische Kontexte sowie die jeweiligen Verhältnisse der Kirchen
zum Staat, die kirchliche Gewaltdiskurse prägen. Das lässt sich weit
in die Geschichte zurückverfolgen. Lehnten zum Beispiel Christen
im frühen Christentum den Kriegsdienst ab, war es Augustinus
von Hippo, für den sich – in einer Zeit, als das Christentum zur
Staatsreligion aufstieg – die Frage stellte, wann Christen am Krieg
ohne Sünde teilnehmen können. Vor diesem Hintergrund entstanden erste christliche Grundzüge der Lehre vom gerechten Krieg.
Ebenso lässt sich der Pazifismus der Historischen Friedenskirchen
(Mennoniten, Quäker, Kirche der Brüder) nur mit Berücksichtigung der konkreten politischen Gegebenheiten verstehen. Von den
politisch verfassten Gesellschaften, in denen sie lebten, ausgegrenzt
und verfolgt, bestanden sie schon früh auf eine klare Trennung
von Staat und Kirche. Auch das prägte ihre Ablehnung des Militärdienstes und ihren Einsatz für Gewaltfreiheit und fügt sich ein
in eine direkte Traditionslinie zur urchristlichen Forderung des
Gewaltverzichts (vgl. Lienemann 2000, S. 123f.; Enns 2017). Und
auch die unterschiedlichen Gewaltdiskurse der in diesem Band
betrachteten US-amerikanischen baptistischen Kirchen – der
Southern Baptist Convention und der *American Baptist Churches*
– haben ihren Ausgangspunkt in verschiedenen Positionen der
Kirchen zur Sklaverei und zum Sklavenhandel: Während die
Baptisten im Norden die Sklaverei ablehnten, verteidigten die
Baptisten im Süden sie. So kam es 1845 zur Kirchenspaltung und
Neugründung. Dabei lassen sich bis in gegenwärtige Debatten hinein deutliche Differenzen erkennen: Die *Southern Baptists* gelten,
der evangelikalen Traditionslinie folgend, bis heute als politisch
konservativ und offen für eine Politik der (militärischen) Stärke.

American Baptists hingegen zeigen sich in ihren Stellungnahmen dem militärischen Instrument in der US-amerikanischen Politik gegenüber weitaus kritischer (vgl. Beitrag von Ines-Jacqueline Werkner in diesem Band).

In diesem Kontext ist auch davon auszugehen, dass sich nicht nur Kirchen beziehungsweise Religionen im Allgemeinen – legitimierend oder delegitimierend – auf Gewalt beziehen, zugleich kann Gewalt „zentrale Merkmale der Religion beeinflussen und auf diese Weise auch die Rolle der Religion in der Gesellschaft und Politik prägen" (De Juan 2016, S. 277). Vor diesem Hintergrund spricht vieles dafür, heilige Schriften, religiöse Identitäten, Werte und Normen sowie religiöse Institutionen nicht als isolierte Phänomene zu betrachten, sondern in steter Wechselwirkung mit sozialen und politischen Prozessen in den Blick zu nehmen.

5 Ausblick

Diversität und Ambivalenz prägen die gesamte Gewaltthematik: vom Gewaltbegriff über Gewaltdarstellungen in der Bibel bis hin zu kirchlichen Gewaltdiskursen und den biblischen Rückgriffen, Gewalt zu legitimieren beziehungsweise delegitimieren. Welche Konsequenzen zeitigt dieser Befund? – Hier lassen sich drei Schlussfolgerungen ziehen:

Erstens ist die nähere Bestimmung darüber, was unter Gewalt gefasst wird, gerade im deutschen Sprachgebrauch unerlässlich. Zudem ist zwischen Gewalt und anderen, verwandten Begriffen wie Macht, Herrschaft und Zwang zu unterscheiden. So kann Gewalt eine Form der Machtausübung darstellen (vgl. Imbusch 2002, S. 32); Macht umfasst aber auch weitaus mehr als Gewalt, können „[a]lle denkbaren Qualitäten eines Menschen und alle denkbaren Konstellationen […] jemand in die Lage versetzen, seinen Willen

in einer gegebenen Situation durchzusetzen" (Weber 1985 [1922],
S. 28f.). Ebenso ist Zwang als „die Stärke, jemanden gefügig zu
machen" (Imbusch 2002, S. 33) „der unmittelbarste Ausdruck
staatlicher Gewalt" (Rachor 2007, S. 676); zugleich stellt Gewalt
nur „eine bestimmte Form des Zwangs neben anderen" und „ein
spezifisches Mittel der Nötigung unter übrigen" (Neidhardt 1986,
S. 132) dar. Und auch wenn Zwang und Gewalt große Überschnei-
dungen aufweisen, handelt es sich nicht um synonyme Begriffe; sie
beschreiben einen jeweils anderen Sachverhalt. Während Gewalt
sein Gegenüber im Friedensbegriff hat, steht Zwang im staatlichen Kontext und als ein vorrangig juristischer Begriff für die
Einschränkung zumeist individueller Freiheit.

Zweitens gibt der unmittelbare biblische Rückgriff in Gewaltdiskursen, sei es zur Legitimierung oder auch Delegitimierung
(militärischer) Gewalt, zwar einfache, aber zumeist unzureichende
Antworten. Insbesondere zeitigt er Tendenzen eines Fundamentalismus auf – eines gewaltbereiten religiösen Fundamentalismus,
aber auch eines „pazifistischen Fundamentalismus". Dabei sieht der
Fundamentalismus die Authentizität der religiösen Tradition in
den Ordnungsprinzipien einer Urgemeinde sowie den konkreten
Taten und Geboten des Stifters verkörpert. Durch diesen „mythischen Regress" (Riesebrodt 2000, S. 53) werden Gesetze und Gebote
transhistorisch und literalistisch auf die eigene Zeit übertragen (vgl.
u. a. auch Juergensmeyer 2004; Hildebrandt 2005, S. 22f.). Um dieser
Gefahr zu entgehen, bleiben komplexe hermeneutische Analysen
zur Rekonstruktion theologischer Gewaltdiskurse unerlässlich.

Drittens sind kirchliche Gewaltdiskurse näher in den Blick zu
nehmen. Sie basieren auf verschiedenen theologischen Traditionen, stehen aber auch in engen Wechselbeziehungen zu konkreten
gesellschaftlichen und politischen Situationen, dem jeweiligen
Verhältnis zwischen Staat und Kirche sowie kontextspezifischen
Gegebenheiten. Wie kommen aber diese kirchlichen Gewaltdiskurse

zustande? In welcher Beziehung stehen theologische Traditionen und die Stellung der Kirchen und Religionsgemeinschaften in Staat und Gesellschaft zueinander? Wann erfolgen warum und wie biblische Rückgriffe? Sind sie originär oder dienen sie gegebenenfalls nur der Legitimation der eigenen Position? Hier sind fortführende Untersuchungen unumgänglich, um der Ambivalenz der Gewalt in der Bibel und in kirchlichen Traditionen näher zu kommen.

Literatur

Appleby, R. Scott. 2000. *The Ambivalence of the Sacred. Religion, Violence, and Reconciliation*. Lanham: Rowman Littlefield.

De Juan, Alexander. 2016. Auswirkungen von Gewalt auf Religion: Eine alternative Perspektive auf innerstaatliche „religiöse Konflikte". In *Religion in der Friedens- und Konfliktforschung. Interdisziplinäre Zugänge zu einem multidimensionalen Begriff*, hrsg. von Ines-Jacqueline Werkner, 266-293. Baden-Baden: Nomos.

Ebeling, Klaus. 2006. *Militär und Ethik. Moral- und militärkritische Reflexionen zum Selbstverständnis der Bundeswehr*. Stuttgart: Kohlhammer.

Endreß, Martin und Benjamin Rampp. 2017. Die friedensethische Bedeutung der Kategorie Gewalt. In *Handbuch Friedensethik*, hrsg. von Ines-Jacqueline Werkner und Klaus Ebeling, 163-173. Wiesbaden: Springer VS.

Enns, Fernando. 2017. Der gerechte Frieden in den Friedenskirchen. In *Handbuch Friedensethik*, hrsg. von Ines-Jacqueline Werkner und Klaus Ebeling, 361-376. Wiesbaden: Springer VS.

Fox, Jonathan und Shmuel Sandler. 2006. *Bringing Religion into International Relations*. New York, NY: Palgrave.

Gerhardt, Volker. 1999. Gewalt. In *Metzler Philosophie Lexikon*, hrsg. von Peter Prechtl und Franz-Peter Burkhard, 211-212. Stuttgart: Metzler.

Hildebrandt, Mathias. 2005. Einleitung: Unfriedliche Religionen? Das politische Gewalt- und Konfliktpotenzial von Religionen. In *Das politische Gewalt- und Konfliktpotenzial von Religionen*, hrsg. von

Mathias Hildebrandt und Manfred Brocker, 9-35. Wiesbaden: VS Verlag für Sozialwissenschaften.

Imbusch, Peter. 2002. Der Gewaltbegriff. In *Internationales Handbuch der Gewaltforschung*, hrsg. von Wilhelm Heitmeyer und John Hagan, 26-57. Wiesbaden: Westdeutscher Verlag.

Juergensmeyer, Mark. 2004. *Terror im Namen Gottes. Ein Blick hinter die Kulissen des gewalttätigen Fundamentalismus*. Freiburg: Herder.

Lienemann, Wolfgang. 2000. *Frieden*. Göttingen: Vandenhoeck & Ruprecht.

Luther, Martin. 1995 [1526]. Ob Kriegsleute auch in seligem Stande sein können. In *Martin Luther. Christsein und weltliches Regiment*, hrsg. von Karin Bornkamm und Gerhard Ebeling, 172-222. Frankfurt a. M.: Insel Verlag.

Neidhardt, Friedhelm. 1986. Gewalt – Soziale Bedeutungen und sozialwissenschaftliche Bestimmungen eines Begriffs. In *Was ist Gewalt? Auseinandersetzungen mit einem Begriff*. Bd. 1, hrsg. vom Bundeskriminalamt, 109-147. Wiesbaden: BKA.

Rachor, Frederik. 2007. Das Polizeihandeln. In *Handbuch des Polizeirechts. Gefahrenabwehr – Strafverfolgung – Rechtsschutz*, hrsg. von Hans Lisken und Erhard Denninger, 409-731. 4. Aufl. München: C. H. Beck.

Riesebrodt, Martin. 2000. *Die Rückkehr der Religionen. Fundamentalismus und der „Kampf der Kulturen"*. München: C. H. Beck.

Rittberger, Volker und Andreas Hasenclever. 2000. Religionen in Konflikten – Religiöser Glaube als Quelle von Gewalt und Frieden. In *Politisches Denken: Jahrbuch der Deutschen Gesellschaft zur Erforschung des politischen Denkens*, hrsg. von Karl Graf Ballestrem und Volker Gerhardt, 35-60. Stuttgart: Duncker & Humblot.

Weber, Max. 1985 [1922]. *Wirtschaft und Gesellschaft*. 5. Aufl. Tübingen: J. C. B. Mohr.

Werkner, Ines-Jacqueline. 2011. Krieg, politische Gewalt und Frieden. Religion und ihre Bedeutung in den Internationalen Beziehungen. In *Religion – Wirtschaft – Politik. Forschungszugänge zu einem aktuellen transdisziplinären Feld*, hrsg. von Antonius Liedhegener, Andreas Tunger-Zanetti und Stephan Wirz, 305-324. Zürich: Pano Verlag und Baden-Baden: Nomos.

Autorinnen und Autoren

Marco Hofheinz, Dr. theol. habil., Professor für Systematische Theologie (Schwerpunkt Ethik) an der Leibniz Universität Hannover, Institut für Theologie und Religionswissenschaft

Torsten Meireis, Dr. theol. habil., Professor für Systematische Theologie mit Schwerpunkt Ethik und Hermeneutik an der Theologischen Fakultät der Humboldt-Universität zu Berlin sowie Direktor des Berlin Institute for Public Theology

Daniel Meßelken, Dr. phil., Wissenschaftlicher Mitarbeiter am Fachzentrum ZH Militärmedizinethik (Leitung) der Universität Zürich

Sarah Jäger, Dr. des. theol., Wissenschaftliche Mitarbeiterin an der Forschungsstätte der Evangelischen Studiengemeinschaft e. V. in Heidelberg

Ines-Jacqueline Werkner, Dr. rer. pol. habil., Wissenschaftliche Mitarbeiterin an der Forschungsstätte der Evangelischen Studiengemeinschaft e. V. in Heidelberg und Privatdozentin am Institut für Politikwissenschaft an der Goethe-Universität Frankfurt a. M.

Printed in the United States
By Bookmasters